每个青少年都应该读的

中国历史故事

朱 燕 ◎ 著

【春秋战国】

辽宁人民出版社

© 朱 燕 2019

图书在版编目（CIP）数据

每个青少年都应该读的中国历史故事 . 春秋战国 / 朱燕著 . — 沈阳 : 辽宁人民出版社，2019.3
ISBN 978-7-205-09490-4

Ⅰ . ①每… Ⅱ . ①朱… Ⅲ . ①中国历史 – 春秋战国时代 – 青少年读物 Ⅳ . ① K209

中国版本图书馆 CIP 数据核字 (2018) 第 281527 号

出版发行：辽宁人民出版社
地　址：沈阳市和平区十一纬路 25 号　邮编：110003
电　话：024-23284321（邮　购）　024-23284324（发行部）
传　真：024-23284191（发行部）　024-23284304（办公室）
http://www.lnpph.com.cn

印　　　刷：北京海石通印刷有限公司
幅面尺寸：145mm×210mm
印　　张：7.5
字　　数：134 千字
出版时间：2019 年 3 月第 1 版
印刷时间：2019 年 3 月第 1 次印刷
责任编辑：赵维宁
装帧设计：末末美书
责任校对：王　斌
书　　号：ISBN 978-7-205-09490-4
定　　价：32.00 元

目录

春秋：礼崩乐坏的争霸时代

囚臣管仲 / 002
机智的矮子外交家 / 009
流亡公子重耳 / 017
退避三舍成霸主 / 023
崤山大战 / 030
一鸣惊人的楚庄王 / 036
哲学大师老子 / 043
十三岁的早慧国君 / 050
复仇者伍子胥 / 057
越王勾践卧薪尝胆 / 064
百世兵家之师 / 071
吴越争霸战 / 078
无冕皇帝孔夫子 / 085
平民指挥官的胜仗 / 093
爱鹤亡国的卫懿公 / 100
五张羊皮换来的大夫 / 106

战国：群雄逐鹿终归于秦

三家分晋战国始	/ 114
信陵君窃符救赵	/ 121
没有双脚的军师	/ 128
门客三千孟尝君	/ 134
爱打比方的美男子相国	/ 141
"毒丈夫"吴起	/ 148
荆轲刺秦王	/ 154
兼任六国国相的说客	/ 161
胡服骑射赵武灵王	/ 168
完璧归赵	/ 174
负荆请罪	/ 181
坑杀四十万人的战争	/ 188
一把锋芒毕露的锥子	/ 195
商鞅变法	/ 202
最有眼光的商人	/ 209
十二岁的丞相	/ 216
强秦灭六国	/ 223
投江而死的大诗人	/ 230

春秋：
礼崩乐坏的争霸时代

 春秋战国

囚臣管仲

　　这个人的身份很复杂，先是齐桓公的对手；后来成了囚徒；最后居然成了齐桓公最器重的相国。他就是管仲，一个拥有传奇人生的相国。

一箭之仇

　　公元前770年，周平王迁都洛邑，史称东周，中国历史进入春秋战国时期。春秋时期，各诸侯国都拼命发展自己，兼并①他国，以图称霸天下。其中，最先称霸的是齐国，也就是姜太公的封地。这里靠近海边，资源丰富，加上历代君主都重视生产，所以经济实力雄厚。

　　公元前686年，齐国发生了一件大事，国君齐襄公被杀了，他

---
①兼并：把别的国家领土并入自己的国家或把别人的产业并为己有。

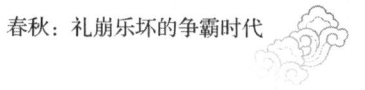

留下的王位成了一块"肥肉"。想吃这块"肥肉"的有两个人,一个叫公子纠,当时在鲁国;一个叫公子小白,当时在莒①国。他们都是齐襄公的兄弟,这两人分别有一位师父,公子纠的师父是管仲;公子小白的师父是鲍叔牙。

得知齐国国君之位空悬,两人立刻准备动身回国夺位。公子纠所在的鲁国国君鲁庄公很想在这场王位争夺战中分一杯羹②,就对公子纠说:"我愿意派大军护送你回国。"

有鲁国大军护送,公子纠的安全自然是不用担心的,但是管仲却在考虑另外一件事。他对公子纠说:"公子小白现在在莒国,那里离齐国很近,他若是比咱们先赶到齐国,我们就失去机会了。请允许我先带一队人马去截住他。"

公子纠同意了,管仲便带着人出发去拦截公子小白。果然不出管仲所料,公子小白正十万火急地往齐国国都临淄赶,管仲立刻带人拦住了他。

和公子纠相比,公子小白身边只有鲍叔牙,回国的时候莒国也没有派人相送,所以管仲带着人马出现,公子小白根本没有还手之力。结果,管仲一箭射来,公子小白大叫一声,吐出一口鲜血,栽倒在车中。

管仲以为公子小白已死,便回去复命,然后不慌不忙地陪同公

---

① 莒:jǔ。周朝国名,在今山东莒县。
② 羹:gēng。

子纠回齐国继位。哪知道，他们刚进临淄，就发现小白抢先一步登上了王位，成了齐国国君。原来，管仲那一箭虽然射在了公子小白身上，可是却射在了公子小白的衣扣上。这衣扣是玉做的，便把箭头挡住，保了小白一命。

眼看着夺位没戏了，两人只好又跟着鲁国的大军回了鲁国。

公子小白就是历史上著名的齐桓公，他登位后发兵攻打鲁国，并且通知鲁庄公一定要杀了公子纠，把管仲送回齐国办罪。鲁庄公没有办法，只好照办。于是，管仲坐在囚车里被送回齐国。

管仲改革

管仲到了齐国后，齐桓公就想杀了他，以报那一箭之仇。

鲍叔牙却拦住了他："大王，管仲是一个不可多得的人才，请您重用他吧！"

"什么？他用箭射我，我要不是运气好就死在他手上了，你竟然还让我重用他？"齐桓公气得胡子都要翘起来了。

鲍叔牙说："他射你的时候是公子纠的师父，那不过是忠心而已。这人有惊世之才，若是您能善用他，一定能让齐国变得十分强大。"

齐桓公心动了，想想也是，管仲对公子纠那么忠心，若是能为自己所用，那不也能对自己忠心吗？他听从了鲍叔牙的建议，把管

春秋：礼崩乐坏的争霸时代

把管仲从囚车中放了出来，还任命他为相，让他管理朝政。

管仲本以为自己死定了，哪里晓得竟然有这样惊天的逆转，对齐桓公的博大胸怀也是十分佩服。于是，他就踏踏实实地为齐桓公管理国政。

为了让齐国变得富强，他利用齐国的地理优势，大量生产海盐和海产，这些都成为齐国的重要物资，为齐国换回了大量的财物。再加上整顿内政，提高耕种技术，齐国的经济越来越发达，变成了一个十分富强的国家。

另外，管仲知道齐桓公一心想要称霸，但是要达到这个目的，必然会经历大规模的战争，并且需要强大的军事力量。于是，他将齐国分为二十一个乡，其中士乡十五个、工乡三个、商乡三个，士乡平时耕种，战时就是现成的兵力。这就为将来齐桓公诸侯争霸奠定了强大的军事基础。

齐桓公看着国家的变化十分高兴，就想立刻当诸侯霸主①，号令诸侯，坐拥天下。

管仲劝他，"咱们现在还是周天子下面的诸侯之一，就算实力雄厚，若是师出无名，是无法让其他诸侯信服的。若是您真的想当霸主，还得把周天子捧在前面，用他的名义去号令诸侯。"

"怎么捧在前面？"

---

①霸主：春秋时代势力最大并取得首领地位的诸侯。

"新天子不是刚登基吗?其他诸侯都忙着争抢地盘,哪有人管他呀?您就去朝贺新天子,让他高兴一下,然后请他下令,让您去宋国宣布新国君的任命。宋国这会儿可乱了,正是您表现大国风范的好机会。"

齐桓公按照管仲的建议去见周天子,周天子很感动,就让齐桓公代他管制宋国。齐桓公利用这个命令召集其他诸侯一起来开会,建立联盟,然后顺利地当上了盟主。

就这样,齐国在争霸之途上迈出了关键的第一步。

相关链接：

管鲍之交

管仲从一个坐在囚车里的囚犯摇身一变，成为齐国的国相，这其中离不开鲍叔牙对齐桓公的大力推荐。可是，你也许不知道，在这之前，管仲和鲍叔牙就已经是非常要好的朋友了。

他们两人曾经合伙做过生意，分利的时候，管仲总要多拿一些。别人都为鲍叔牙鸣不平，鲍叔牙却说："管仲不是贪财，而是他家里穷呀。"管仲几次帮鲍叔牙办事都没办好，而且他三次做官都被撤职，别人都说管仲没有才干。这时，鲍叔牙又出来替管仲说话："这不是管仲没有才干，只是他没有碰上能施展他才能的机会而已。"更有甚者，管仲曾三次被拉去当兵参加战争，并且三次逃跑。人们讥笑地说他贪生怕死。鲍叔牙再次直言："管仲不是贪生怕死之辈，他家里有老母亲需要奉养！"

后来，在鲍叔牙的推荐下，管仲终于当上了齐国的国相，他没有辜负鲍叔牙的信任，充分发挥自己的才干，辅佐齐桓公使齐国变成了一个强大的国家。

春秋：礼崩乐坏的争霸时代

机智的矮子外交家

身高不足一米五，却历经三朝，辅政长达 50 余年，他是名副其实的三朝元老。他以有政治远见、外交才能和作风朴素闻名诸侯。他内辅国政，屡谏齐王；对外，他既富有灵活性，又坚持原则性，出使不受辱，捍卫了齐国的国格和国威。这个人就是晏婴，史称晏子。

出使楚国

齐景公十七年（公元前 531 年），晏子出使楚国，却遇到了一系列的麻烦事。

晏子到了楚国，就有楚国的官员来接待，态度倒是蛮热情的。不过，到了城门口，晏子却被带到一个狗洞前，接待官员请晏子从这里进去。

晏子看了看狗洞，再看看接待官员脸上那满怀深意的笑容，也笑了笑，"这是狗洞吧？"

"是的，我们楚王吩咐请您从这里进去，因为这里最适合您。"

"我记得我出使的是楚国，不是狗国啊，怎么楚国让客人从狗洞进城？"

接待官员面红耳赤，连忙把晏子从大门请了进去。

到了楚王面前，楚王很轻蔑地说道："你们齐国没有人了吗？怎么派你来做使臣？"

晏子一听，这是嫌弃我？他也不恼，笑着说道："齐国国都临淄住满了人，人们把袖子举起来，可以遮住太阳；甩一把汗，就是一阵雨；街上行人肩膀擦着肩膀，脚尖碰着脚跟。怎么说齐国没有人呢？"

"那怎么偏偏派了你来我楚国？"

"我们主公派人出使很有讲究，精明能干的人都被派到道德高尚的国家去了，我是最愚蠢无能的，就被派到您这里来了。"

楚王噎住了，人家这是赤裸裸地骂自己道德不高尚啊！于是，楚王不再继续这个话题，宣布开始招待晏子的宴会。

宴会到一半的时候，两个卫兵绑着一个人进来了，楚王很不高兴，"我这里正在招待贵宾，你们这是干什么？"

"禀告主公，这个人偷窃财物。"

"哪里的人啊？"

"齐国人。"

晏子冷眼看着楚王和卫兵，他自然知道这是楚王安排的戏码，不过是想借此讽刺齐国罢了。

果然，楚王装作很意外地对晏子说："晏大夫，齐国人都很擅长偷东西吗？"

晏子离开座位，高声回答道："大王，我听说淮南的柑橘又大又甜，但是种到淮北就变成了又小又苦的枳①，这是因为水土②的问题。我想这个人也是一样，在齐国的时候安居乐业，好好劳动，一到楚国就干起了偷窃的事情。难道是因为楚国是一个能让人变得喜欢偷窃的国家吗？"

楚王自讨没趣，笑着道歉："我不该和你开这样的玩笑。"

二桃杀三士

晏子除了擅长外交应对之外，也很有政治谋略。

公元前528年，齐景公手下有三个为齐国立下汗马功劳的武将，他们是田开疆、公孙接、古冶子。因为他们自认为功劳很大，都很自傲，

①枳：zhǐ。落叶灌木或小乔木，茎上有刺，叶子为三片小叶组成的复叶，小叶倒卵形或椭圆形，花白色，浆果球形，黄绿色，味酸苦。

②水土：泛指自然环境和气候。

在齐景公面前也不讲礼仪，在其他人面前更是嚣张。

齐景公对此很苦恼，询问晏子的意见。

"主公，这三人当初的确是为齐国出过力，但是现在他们已经成了国家的祸害，若是不把他们除掉，将来不堪设想。"

齐景公点点头，"我也这样觉得，只是应该怎么做呢？"

晏子想了想，让齐景公赏赐两个桃子给他们三人，让他们根据自己的功劳分吃这桃子。

三位武将看着齐景公赏赐的两个桃子，开始争论谁有资格吃这桃子。

公孙接首先说道："我曾经徒手搏击一头野猪和一只老虎，我应该吃一个桃子。"于是他拿了一个桃子在手里。

田开疆接着说："我曾经率领大军打败敌人，我也应该吃桃子。"于是他也拿了一个桃子。

古冶子不高兴了，"就你们有功劳吗？你们的功劳都没有我的高，我可是救过主公性命的人。当年，主公渡河的时候遇到了凶猛的大鳖，是我奋勇出手，杀了它，救了主公。"

田开疆和公孙接顿感羞愧，"是啊，说到勇猛和功劳，的确是你比较大。我们却拿着桃子不让你，是贪心。"于是二人把桃子放回去，自杀了。

古冶子见两人自杀身亡，觉得自己一人独活是一件很不仁义的事情，不敢死是没勇气的表现，于是他也自杀了。

三位武将自杀之后，晏子建议齐景公厚葬他们，算是对他们功

劳的肯定。

拒住新宅

晏子是一个很简朴的人，但是齐景公却是一位喜欢享受的国君，所以在这个问题上，他们双方有过多次交锋。

有一次，齐景公实在是听烦了晏子唠叨，就想着怎么教训一下晏子，让他不要老是提醒自己别奢侈、别浪费。于是，他趁着晏子出使晋国的时候干了一件事。

他吩咐人把晏子原来的房子拆了，把他邻居的房子也拆了，然后给晏子修了一座又大又漂亮的宅子，等着晏子回来住。齐景公心里很得意，以后晏子自己也住这种豪华气派的大房子了，看他还好意思再说我铺张浪费。

晏子从晋国回来后，一看自己家变了样，齐景公还等着他进宫去谢恩呢。晏子进宫，向齐景公的好意表示感谢。齐景公见他没拒绝，特别高兴，以为他的计划成功了，以后耳根就能清静了。

谁知道晏子回到宅子，就叫人把房子拆了，重新修了一座和以前一模一样的房子，还把那些被拆了家的邻居的房子也按原样修好，并一一请他们回来居住。

齐景公听说这事儿后，心里不高兴，就质问晏子为什么拒绝他晏子说:"那些邻居都是多年的好邻居,我也找人占卜过,是最吉利的邻居。我干吗把他们赶走?"

齐景公无语,只好放弃了自己的想法,尊重晏子节俭朴素的作风。

● 相关链接：

死马杀人

有一次，齐景公心爱的马死了，他很生气，就下令把养马的人杀掉。晏子连忙阻拦，"主公，要杀人也得让人死个明白，我把他的罪状一一跟他讲一遍，让他心服口服，您看行吗？"

"行！那你就好好跟他讲讲，让他明白自己的命为什么丢了。"

晏子走到那个养马人跟前，很大声地说道："我告诉你啊，你犯了三条大罪：第一，你把国君的马养死了，该死；第二，这马是国君最心爱的马，所以你该死；第三，你养死了马，国君因为一匹死马杀人，招来百姓的怨恨，诸侯的轻视，所以你该死！你明白了吗？"

养马人还没说什么，齐景公一脸愧疚，"好了，晏大夫，我知道你的意思了，饶了这个人的死罪吧！"

就这样，晏子凭着自己的才智救下了一条人命，又劝诫了国君。

春秋：礼崩乐坏的争霸时代

流亡公子重耳

身为一国王子，被迫流亡在外十九年，过着颠沛流离的生活。但是他最终还是回到了自己的国家，夺取君主之位，成为一方霸主。这个人就是晋文公。

醉遣夫君

晋献公有四个儿子，但是他最喜欢的是小儿子奚齐，因为这是他最宠爱的妃子骊姬生的孩子。为了让小儿子奚齐当上太子，他把已经被立为太子的申生给杀了。他的另外两个儿子重①耳和夷吾深感危险，再留在晋国，说不定命也要丢了。所以两人趁着月黑风高的晚上，逃到别的诸侯国避难去了。

后来，晋献公死了，国内发生动乱，原本在外国逃难的夷吾趁

---

①重：chóng。

机跑回去夺得了王位。可惜，夷吾上位对重耳也没什么好处，因为重耳对他来说是有威胁性的，于是他想要杀掉重耳。若不是重耳从小就很豪爽，结交了很多好朋友，早就不知道死了多少次了。既然回不去晋国，重耳只好继续到处流浪。

到了齐国的时候，齐桓公对这个落难公子十分客气，不但给了车马房子，还嫁了一个姑娘给他。这避难还避出一个媳妇儿来了，重耳心里乐意极了，觉得这齐国真是乐土，有点不想走了。

但是随行的人却不喜欢这种流亡①的生活，都想回晋国。有一天，他们躲在一个桑树林里商量怎么回晋国，没想到恰好被一个采桑叶的女奴听见了，然后告诉了重耳的妻子姜氏。

姜氏笑着对重耳说："我听说你们打算回晋国去了，这是大好事啊！"

重耳连忙摆手，"没有，没那种事！"

"您为什么不愿意回晋国呢？"

"这里多好啊！又安全又舒服，回晋国太危险了！"

姜氏摇摇头，"您怎么能这么想呢？齐国再好，也是人家的地方，终究不是您能长久待的地方啊！您从晋国逃难出来，这些跟随您的人，哪个不是精明能干的？他们为什么愿意和您一起过这颠沛流离的生活？还不是觉得您胸有大志，跟着您将来能干一番大事业。如

---

①流亡：因灾害或政治原因而被迫离开家乡或祖国。

春秋：礼崩乐坏的争霸时代

今您却在齐国贪图享乐，这些人心里该有多失望！"

重耳听了姜氏的话，沉默了。他知道姜氏说得有理，但是十多年的流亡生活实在是让他心力交瘁^①，一想到离开齐国要继续过颠沛流离的日子，心里是满心的不乐意。

姜氏见他不说话，知道他心里还在犹豫，当天晚上便和重耳的随从们商量好，把他灌醉了直接放在马车上，然后带着他离开了齐国。

重耳醒来之后发现自己已经不在齐国了，心里起火，但是看着那些一直跟随自己，就算自己落魄至极也没有放弃的伙伴，这股火又灭了。他挥挥手，指挥大家前进，继续流亡的生活。

三舍之约

离开齐国的重耳又到了宋国等国家，都没找到合适的落脚点，最后，在楚国受到了楚成王的礼遇^②。

楚成王不嫌弃重耳是个流亡公子，用招待诸侯的礼节招待他，这让重耳感觉十分温暖，他对楚成王也十分尊敬，两人还成了朋友。

有一次，楚成王设宴款待重耳，酒至半酣^③的时候，他开玩笑地对重耳说："公子，我这样对你，将来你要是回到晋国，该如何报

---
①心力交瘁：瘁，cuì。心力交瘁，精神和体力都极度疲劳。
②礼遇：尊敬有礼的待遇。
③酣：hān。

 春秋战国

答我呢？"

重耳想了想，"金银财宝楚国多得很，我能拿什么东西来报答大王呢？"

"那你的意思是不报答了？"

重耳觉得这样也不太厚道，就说道："若是托您的福能够回到晋国，我一定和楚国交好，互不侵扰，让大家都能过上太平日子。不过，若是将来没办法，真要两国交锋、战场相遇，我会无条件退避三舍①，以报此恩。"

楚成王原本也是开玩笑，所以重耳把话说到这个地步也就不再追问，两人继续举杯畅饮，谈天说地。

旁边的楚国大将成得臣却很生气，宴会结束后，他私下对楚成王说："这个重耳现在还在咱们楚国做客呢，就想着将来和我们打仗，看来是个忘恩负义的家伙。干脆把他杀了，免得以后吃亏。"

楚成王摇摇头，"他现在虽然在流亡，但是从他的话中可以听出来他是有心夺取晋国君主之位的。这是一个有志向的人，值得交往，以后不要再说杀他的事情了。"

从楚国离开后，重耳得到了秦国的庇护和支持。公元前636年，秦国护送重耳的大军过了黄河，流亡了十九年的重耳回国即位，他就是晋文公。

①退避三舍：舍，shè。退避三舍，古时候行军，每三十里叫作一"舍"，"退避三舍"就是自动撤退九十里的意思。

● **相关链接：**

寒食节的来历

清明节大家都熟悉，但是清明节前一二日，在传统节日中被称为寒食节。在这一天，人们不能生火做饭，只能吃冷食。这是怎么来的呢？这和晋国的流亡公子重耳有很大关系。

在重耳还在外面流浪的时候，他身边有一个很忠心的随从叫介子推，这个人在重耳十九年的流亡生活中不离不弃，紧紧跟随。有一次，重耳实在太饿了，又找不到东西吃，介子推就把自己腿上的肉割下来烧给重耳吃。

重耳回晋国当了晋文公之后，想要封赏这些跟随了自己多年的伙伴，介子推不愿意，就带着母亲躲进了绵山。晋文公想了很多办法都没找到介子推，后来他听信小人之言，索性火烧绵山，想着能把介子推给逼出来。

谁知道大火烧山，介子推还是没有出来，等到火灭之后，大家在一棵柳树下发现了介子推和母亲两人被烧焦的尸体。晋文公十分伤心，就下令这一天禁止生火，只能吃冷食，用以纪念介子推。

退避三舍成霸主

晋文公即位之前,在外流亡的时候曾经得到楚国的帮助,当时他对楚成王承诺将来若是两国战场相遇,他将主动退避三舍以报恩情。楚成王并没有将此话当真,晋文公却真的实践了自己的诺言,还借此机会当上了霸主。

勤王图霸

流亡公子重耳在秦国的帮助下,终于回到晋国夺取了王位,即位后成为晋文公。晋文公在外流亡十九年,走过大山大川,也到过很多国家,对社会各层老百姓的生活十分了解。所以他即位之后,立刻整理内政,努力发展生产,想办法让老百姓的生活更加富裕,晋国也渐渐地强盛起来。

晋国的强盛让晋文公想要当霸主的欲望也越来越强烈,他开始

思考到底如何才能和齐桓公一样,做一个中原的霸主,可以号令诸侯。

当时,周天子襄王在位,他有个异母兄弟叫太叔带,他联合一些对周襄王不忠的大臣,在狄国借兵相助后夺取了王位。周襄王狼狈不堪,只带着几十个随从逃到了郑国。这时候,他想到了各诸侯国,就下了天子令,命令各国诸侯护送他回洛邑去。

各国诸侯心里都明白,这哪是送他回去啊,这是要出兵帮他夺回王位!要动兵自然就要钱粮,这钱粮花出去了,将来能不能补回来还是二话呢!更何况,这周襄王也不是什么明君。于是,大家都装聋作哑,有的派人去慰问,有的送食物过去,可就是没有人愿意发兵打狄人。

周襄王十分失望,这时候旁边有人献策:"这些小诸侯国一方面是因为兵力不足以抗衡狄国精兵,另一方面是国力不够强大,怕帮您夺王位劳民伤财失了自家的根本。现在诸侯当中,只有秦、晋两国有力量打退狄人,找别人恐怕不中用。"

周襄王点点头,就让人去请晋文公护送他回朝夺位。晋文公一见是周襄王的使者,立刻满口答应。他心里清楚,晋国虽然强大,但是没有做出什么让诸侯国心服口服的事情,若是这次帮助周天子复位成功,那在诸侯国心中的地位就不一样了,也算为霸主之路打下基础。

于是,他马上发兵,把狄人打败,又杀了太叔带一帮人,护送

春秋战国

天子回到京城。

战场践诺

晋文公派兵帮助周襄王回朝复位的事情传开之后,各诸侯国都对晋国的实力刮目相看。过了两年,宋襄公的儿子宋成公跑来求救。他说,楚国的大将成得臣率领楚、陈、蔡、郑、许五国兵马攻打宋国,宋国原本国力就不强,哪里经得起这几个国家一起攻打?宋国危在旦夕,急需要晋国这样有能力又仗义的大国来主持公道。

晋文公一听,这是让他去主持公道,这不是往霸主的路上走吗?心里十分高兴,而且他也很清楚,要当上中原霸主,就得打败楚国。他扩充队伍,建立了三个军,浩浩荡荡去救宋国。公元前632年,晋军打下了归附楚国的两个小国——曹国和卫国,把两国国君都俘虏了。

楚成王一听晋文公出兵了,就命令成得臣退兵。成得臣想不通,自己千里迢迢地把大军带过来,还把陈、蔡、郑、许四国弄到一起,眼看着宋国马上就要拿下了,干吗退兵?难道我楚国还怕他小小的晋文公不成?于是他战场抗命,自己不回去见楚成王,只派了一个部将去对楚成王说:"我虽然不敢说一定打胜仗,但是和晋文公拼个死活还是敢的。"

春秋：礼崩乐坏的争霸时代

楚成王见他竟敢违抗自己的命令，心里自然不乐意，也不支持他，只派了少量的兵力前去支援。成得臣却不管这些，他心里一百个看不上晋文公，只派人通知晋军，要他们释放卫、曹两国国君。

晋文公却暗地通知这两国国君，答应恢复他们的君位，但是要他们先跟楚国断交。曹、卫两国真的按晋文公的意思办了。这下把成得臣气得半死，他嚷嚷道："这个重耳老贼实在太奸猾了，只会背后使阴招。"他便立即下令，催动全军赶到晋军驻扎地去。

晋文公很了解成得臣冲动的性格，他等到成得臣带兵过来，就立刻命令军队往后撤退九十里。下面的将士都不理解，"我们来是和楚国人拼命的，为什么他们一来我们就要退？"

狐偃①解释道："这是因为主公当年接受了楚王的帮助，答应他将来战场相遇，要主动退避三舍以报恩情，我们主公这是在报恩呢！"

大家一听，觉得晋文公真是一个一诺千金②的人，心里对他更是敬服，就听从他的命令向后撤退了九十里。

成得臣见自己一来，晋军就撤退，还以为晋文公是怕了自己，心里得意得很，立刻指挥兵马冲上去。晋军避其锋芒，假装败退，等到成得臣追入埋伏圈，立刻转头拼杀，楚军防不胜防，被杀得七

---
①狐偃：偃，yǎn。狐偃，姬姓，狐氏，字子犯。晋文公的舅舅，帮助晋文公成为霸主，是晋文公的首席谋士。
②一诺千金：形容说话算数，所许诺言信实可靠。

027

零八落。

晋文公连忙下令,吩咐将士们只要把楚军赶跑就好,不要追杀。成得臣带着败兵残将回国的半路上,觉得自己没法向楚成王交代,就自杀了。

晋国打败楚国的消息传到周都洛邑,周襄王和大臣们都认为晋文公立了大功,便亲自来慰问晋军。晋文公借此机会召开诸侯大会,订立盟约,成了中原的霸主。

● 相关链接：

文公追麋鹿

晋文公被司马迁评价为"善交贤能智士"，这说明他是一位十分重视贤能的君王。这也是他能够成为中原霸主的原因之一。

有一天，他外出打猎，在追一头麋鹿的时候跟丢了。正好路边有一个老农夫，他就问道："请问您看到一只麋鹿跑过去了吗？"这老者用脚指路，"往那边去了。"晋文公一看这老头子怎么对自己不恭敬啊，我好好问你，你却用脚给我指路，就有些不高兴了。

老者说道："想不到我们的君王竟然如此愚笨！虎豹因为离开偏远之地靠近人类，所以才被人猎到；鱼鳖因为离开深水，才被人捉住；诸侯离开他的民众而外出远游，才会亡国。您都跑出这么远了，再不回去，您的王位就不保啦！"

晋文公一听，这老头是在暗示自己不能贪图游乐，应该回去做好国君，这是一位贤人啊！于是他把这个老者请回去，让他好好辅佐自己成为一个更好的君主。

春秋战国

崤①山大战

秦国和晋国国土相邻,秦国想越过晋国向东征战,实现霸主目标,晋国自然不会允许。于是,两国在崤山发生了一场大战。崤山大战使秦国东进之路被截断,从这以后,秦国就往西扩充,不断攻占西边小国,最终在西部称霸。

千里袭郑

公元前629年,秦国和晋国联合起来攻打郑国,郑国眼看就要被灭国了。幸好郑国有一个大臣名叫烛之武,他很清楚面对秦国和晋国这两大国,郑国没有丝毫胜算。但是秦晋两国之间有着根本的利益冲突,这也就给了郑国存活的机会。于是,他找到秦穆公说:"秦国和晋国相比,晋国离郑国更近,郑国被灭了,就算被分成两半,秦国要

---
①崤:xiáo。

春秋：礼崩乐坏的争霸时代

跨过晋国来管理一半也是麻烦事。不如您和郑国结盟，将来要是有需要，郑国也可以助您一臂之力啊！"这个需要当然就是指攻打晋国了。

秦穆公觉得他说得有理，就放弃攻打郑国，命秦国大将杞子、逢孙、杨孙等戍①守郑国。晋国见此只好放弃了攻打郑国的计划。

公元前627年，晋文公去世，晋襄公即位。秦国大将杞子被郑国安排去守北门，他悄悄地派人告诉秦穆公，让他趁机来攻打郑国，他负责开城门。

秦穆公得到消息后，很心动，就召见大臣蹇②叔，询问他的意见。蹇叔说："从来没有听过长途行军去攻打一个千里之外的国家，等我们到了郑国，军队早已疲惫不堪，而郑国却以逸待劳③，我们怎么可能打胜仗呢？大王千万不要同意出兵。"

秦穆公却不听他的，命令孟明视、西乞术、白乙丙带军远征。蹇叔送大军出发的时候说道："晋军一定会埋伏在崤山。崤山有两座陵，南陵是夏王的陵墓所在，北陵是周文王避雨的地方，秦军一定会葬身在这里啊！"

蹇叔再多的哭诉也拦不住秦军的脚步，秦军在三位元帅的率领下出发了。他们走到滑国的时候，遇到了一个商人，这个人是郑国人，名叫弦高。

---
①戍：shù。
②蹇：jiǎn。
③以逸待劳：作战的时候采取守势，养精蓄锐，等待来攻的敌人疲劳后再出击。

春秋：礼崩乐坏的争霸时代

弦高打听到这秦军竟然是去攻打郑国的，连忙派人快马回国报信，自己则冒充郑国的使者拦下了秦军。他献上四张熟牛皮和十二头牛犒劳①秦军，还说这是郑国国君的安排，知道秦军远道而来，辛苦了，特地献上食物犒劳他们。

秦军一听，这话不对呀，我们还没到郑国，怎么人家就派使者过来慰问了？看样子郑国早就有防备了，咱们再去不是送死吗？几位元帅凑在一块儿商量了一下，决定掉转马头回秦国去。当然，大军跑了这么远，空手而归也不好意思，于是，他们顺路把滑国给灭了，然后就往回走。

崤山大败

秦军千里袭郑，却扫兴而归。这时候，晋国正在大丧之中，晋国君臣对于是否讨伐秦军意见不一。原轸②认为应该出兵，栾枝却觉得不应该，因为当年秦国对晋文公有恩。晋襄公最后听从了原轸的意见，出兵讨伐秦军。

秦军并不知道晋国的想法，他们千里迢迢去攻打郑国，没想到还没走到郑国呢，就往回走了。千里奔袭无功而返，让秦军的士气一落千丈。当他们走到崤山的时候，突然听到山岭上传来惊天动地

---

①犒劳：犒，kào。犒劳，用酒食等慰劳。
②轸：zhěn。

的喊杀声,原来是早已埋伏在这里的晋军。

晋军此次出兵,由新上位的晋襄公亲自率领,士气高昂,再加上以逸待劳,很快就把惊慌失措的秦军打得落花流水。孟明视等三位元帅被生擒,其他将士均被斩杀。一时间,崤山之上血流漂杵[1],十分惨烈。

幸好晋襄公的嫡母是秦国人,她不希望秦国和晋国因此结仇,就让晋襄公把三位元帅放回秦国去。再三思量后,晋襄公便把人给放了。

孟明视等三人回到秦国,秦穆公听闻全军覆没,就穿了素服,亲自到城外去迎接他们。

孟明视三人见秦穆公亲自迎接,深感惭愧地跪在地上请罪。秦穆公说:"这是我的不是,不听劝告,害得你们打了败仗,哪儿能怪你们呢?再说,我也不能因为你们的一点过失,就抹杀了你们的功劳。"

三个人感激涕零,打这以后,他们认真操练兵马,一心一意要为秦国报仇。

终于在公元前624年,孟明视以破釜沉舟之决心,再次攻打晋国。这次秦军士气高昂,准备充分,很快就攻下晋国的几座大城。晋襄公见秦军来势汹汹,就命令晋军避其锋芒,不与他们交战。

秦军见晋军认输,总算是报了崤山一战的大仇,于是就到崤山把三年前阵亡在此的将士们重新埋葬,祭奠一番后才班师回朝。

---

[1]血流漂杵:杵是指古代战车上所用的一种长杆兵器。血流成河,长杆兵器都漂了起来。形容战死的人很多。

🏵 **相关链接：**

"秦晋之好"的来历

我们常用永结"秦晋之好"来比喻联姻，其实"秦晋之好"就是指秦国和晋国之间的关系。

当时，秦国和晋国是两个相邻的大国。秦国地处今甘肃东部和陕西中部地区，在戎狄中发展壮大。而晋国是中原的强国，秦穆公为了实现霸业，主动与晋国结好。晋献公于公元前654年将其女儿伯姬嫁给了秦穆公。这就是历史上所说"秦晋之好"的开端。

虽然后来两国的关系几度破裂，但是最终都靠政治联姻重修旧好。"秦晋之好"也就慢慢引申为两家联姻。

一鸣惊人的楚庄王

商朝有个三年不言国事的国君武丁，春秋时期楚国又出了一个三年不干正事的君王。这个人做了三年昏君，之后便一改风格，励精图治，南征北战，为楚国扩展了版图，自己也成为春秋五霸之一。

三年不鸣

公元前613年，楚成王的孙子楚庄王即位称王。本以为新君上台，肯定会"烧上三把火"，使朝廷内外面貌一新，谁知道这位楚庄王根本没有指点江山的欲望。

他上台之后，不问国政，成日享乐。要么在宫中畅饮美酒，纵情歌舞；要么就带着大队人马四处游猎，总之是怎么好玩怎么玩。大臣们向他汇报国情，他也只是说一句话，"你们看着办吧！"

但是，楚国并非铁桶江山，内忧外患持续不断。对外而言，晋国趁着楚庄王新登王位，内政还没有理顺，就把几个一向归顺楚国的小国拉了过去，订立盟约，让楚国少了几个帮手。朝廷内部的公子燮①和斗克联合作乱，甚至还把楚庄王当成人质给抓了起来，准备另立新主。若不是二人被庐大夫戢②梁诱杀，楚庄王这个刚刚上台的新君恐怕就要为国牺牲了。

楚庄王如此不负责任的态度持续了三年之久，这三年对于楚国上下来说简直是暗无天日，关键是楚庄王固执己见，不听别人的谏言。他甚至下了一个命令，"谁敢跑到我这里劝谏，我就定他的死罪！"

后来，有个叫伍举的大臣，来见楚庄王。楚庄王正玩得开心呢，很不耐烦地问道："你来干什么？"

"大王，我有一个谜语要请您猜一猜，不知道您可有兴趣？"

楚庄王见不是来劝谏自己，而是来猜谜语玩的，就笑道："你说来给我猜猜！"

"楚国山上，有一只大鸟，身披五彩十分神气。可是很奇怪，它在山上一停就是三年，既不鸣叫也不高飞，您说这是什么鸟？"

楚庄王可不傻，心想这家伙拐弯抹角地说我呢，就笑道："这可不是普通的鸟，这种鸟，不飞则已，一飞冲天；不鸣则已，一鸣

---

① 燮：xiè。
② 戢：jí。

春秋：礼崩乐坏的争霸时代

惊人。"

伍举很高兴，楚庄王这话证明他不是真正的昏君，只要他想做好国君，就一定是一个好国君。

一鸣惊人

之后事情的发展果然如伍举所料，楚庄王一改往日作风，每日用心处理朝政，远离声色犬马①。这三年沉迷玩乐，让楚庄王看清了朝廷里哪些是忠臣，哪些是佞臣。所以，他决心改革政治，把一群惯于奉承拍马的人撤职，又把敢于进谏的伍举、苏从等人提拔起来，帮助他处理国家大事。同时，他安排人大量制造武器，操练兵马，为争霸伟业打好基础。

楚庄王改过之后的第一件事就是攻击反叛的庸国，他御驾亲征，亲临战场指挥战斗，经过一番苦战终于取得了第一场胜利。之后，攻宋国，败戎族，一直打到了周都洛邑附近。

楚庄王带着兵马来到洛邑，惊动了周天子，他派王孙满去慰劳楚军。王孙满虽然是代表周天子来的，但是对楚庄王还是很客气。

楚庄王假装无意地问："听说周王宫里藏着当年大禹铸造的九个鼎，就是不知道这九个鼎有多大多重啊？"

---

① 声色犬马：指纵情淫乐的生活。

春秋战国

　　王孙满一听这话不对呀，九鼎是象征周王室权威的礼器，楚国不过是一个诸侯国而已，哪有资格询问这个？看样子楚庄王有夺权于周天子的野心啊！

　　可是现在周天子势弱，王孙满也不敢质问楚庄王，就拐弯抹角地说道："国家的强盛，靠的是德行，而不是鼎。楚王又何必打听这个呢？"

　　王孙满这话说得很有意思，你可以理解为他在劝楚庄王不要与周天子为敌，因为周王室还没有失德于天下，气数①未尽；也可以理解为告诫楚庄王，若是有兴趣夺取王权就要修炼自己的德行，不然就算让你拿到那九个鼎也是没用的。

　　楚庄王自然听出这话的意思，随口说了一句算是给自己台阶下："我楚国的钓鱼钩聚在一起也能铸出一个比九鼎更大的鼎来！"

　　其实他很明白以楚国目前的实力还不足以代周王室治理天下，不过这件事倒是留下了一个成语——"问鼎中原"。

楚晋大战

　　从中原回来之后，楚庄王请了一位楚国有名的隐士孙叔敖当令尹（楚国的国相）。在孙叔敖的带领下，楚国人开垦荒地、挖掘河道、

---

①气数：指人生存或事物存在的期限；命运（用于大事情，含有迷信色彩）。

奖励生产。没几年工夫，楚国更加强大起来，先后平定了郑国和陈国的两次内乱，最后终于和中原霸主晋国冲突起来。

公元前597年，楚庄王率领大军攻打郑国，晋国派兵救郑。

两军在邲^①地相遇，爆发了一场大战。晋国内部存在分歧，指挥无力，又担心秦国趁自己和楚国大战时，从背后偷袭，打起仗来便束手束脚。

楚军看准时机，狠准出击，晋军大败，人马死了一半，另一半想坐船渡过黄河逃命。可惜船少人多，很多人都被挤到水里去了。水里的人想活命，就使劲扒着船舷往上爬，船上的人怕船翻，就挥刀把这些人的手指都砍了下来，现场鬼哭狼嚎，十分凄惨。

楚庄王没有乘胜追击，下令退兵，让晋国的残兵自行逃回。楚国通过这场战斗一洗城濮^②之战中败给晋国的耻辱，在中原争霸中暂时处于上风。楚庄王成为春秋五霸之一。

---

①邲：bì。
②濮：pú。

❀ **相关链接：**

绝缨之宴

有一次，楚庄王大宴群臣，大家一直喝到晚上都未能尽兴。楚庄王见大家兴致很高，就命人点亮蜡烛，还让平日里最宠爱的美人向文臣武将敬酒。

突然一阵风吹过，蜡烛熄灭了，席间一个官员拉了一下美人的手。美人立刻跑回楚庄王身边，哭诉道："大王，有人非礼我！我扯下来了他的帽缨，请您命人立刻点上蜡烛，把那个人找出来！"

楚庄王沉吟了一下，说："各位，今天寡人设宴，就是要和你们玩得尽兴。现在请大家把帽缨都摘下来，让我们开怀畅饮吧！"

等到大家把帽缨取拿下来后，他才让人点上蜡烛，那个被扯了帽缨的人自然也就找不着了。

七年后，楚庄王攻打郑国，发现一名战将特别勇猛，所到之处都拼力死战。等论功行赏的时候，他才知道这人就是当年非礼他宠妾的人。但因为楚庄王宽宏大量，饶恕了他的罪过，所以他才这样拼死为楚庄王战斗。

这就是历史上有名的"绝缨之宴"。

哲学大师老子

他是我国古代伟大的哲学家和思想家,也是道家学派的创始人,被评为世界文化名人。他主张无为而治,他的学说对中国哲学发展具有深刻影响。他就是老子。

先生辞行

老子,姓李名耳,字聃①,楚国人,生卒年不详。他被称为道家始祖,他的道家思想对中国历史影响十分深远。

老子小的时候十分聪明,又很好学。家里为了让他能够受到更好的教育,专门给他请了一位老师,名叫商容。商容是一个精通殷商礼乐的人,也对天文地理很有研究,商容的到来让老子开心极了,因为他满脑子的疑问终于能找到人解答了。商容也对这个兴趣广泛、

---
①聃:dān。

好学爱问的学生十分喜爱。

有一天，老子问商容："天是什么东西？"

"天，就是我们头顶上那清清的东西。"

"那清清的东西是什么？"

"是太空。"

"太空之上又是什么东西？"

"太空之上是比清清还清的东西。"

"在那之上又是什么？"

"是更清的东西。"

"那到清清的东西最深处是什么？"

商容说："已故的有才德的人没有传授下来，古书上也没有记载，我不敢随便回答。"

老子的问题没有得到解答，心里就一直想着，晚上回来就问他的母亲，母亲答不出来；又问家里的侍从，也答不出来。于是他就仰着头观察日月星辰，思考着天空之上是什么东西，整晚都没有睡着。

老子就是这样一个喜欢思考的孩子，他对问题总是喜欢打破砂锅问到底①，如果问不到答案，就自己绞尽脑汁地去思考，找到答案。勇于提问、善于思考正是他成为思想家的一个重要因素。

三年后，商容老师来找老子的母亲辞行。

---

①打破砂锅问到底：指对事情的原委追问到底。

老子的母亲很惊讶,"请问先生,可是我儿对您不恭敬?"

"没有,聃儿很敬重我。"

"那可是对酬劳不满意?"

"不是的,夫人。因为我学识浅薄,聃儿思维敏捷,这三年来,我已经将我的毕生所学全部传授给聃儿。我今天来辞行,也是想建议您送他到周都去读书,那里典籍多如牛毛,贤人也很多,聃儿要求学、要请教都容易。这里毕竟是个小地方,把聃儿留在这,是对他的耽误啊!"

老孔对话

就这样,虽然老子当年才十三岁,但是为了让他能够得到更好的教育,老夫人把他送到了周都。

周都的确是读书人的圣地,这里有丰富的书籍,集中了各个领域的能人贤士。老子在这里学习天文、地理、人伦[①],对文物、典章、史书也都熟读于心,三年后大有长进。

他的老师把他推荐到守藏室去工作,这守藏室是收藏周朝典籍的地方,类似于后世的图书馆。老子进图书馆做了管理员,可算是找到了一份好工作。这里收集了天下的文章,藏着天下的书籍,要

[①]人伦:封建礼教所规定的人与人之间的关系,特指尊卑长幼之间的关系,如君臣、父子、夫妇、兄弟、朋友的关系。

什么有什么。老子在里面如饥似渴，大量地阅读这些典籍，通过大量的阅读和思考，他对礼乐道德的理解又上了一个新的台阶。三年后，他精通周礼的名声就远播出去了。

孔子听说了，特地到周都请教老子。老子很热情地接待了他，对孔子的问题都一一做了解答，并带着他去参观祭神的典礼、庙会的礼仪。几天下来，孔子觉得自己学到了很多东西。

孔子向老子辞行，老子把他送到了黄河边上。

孔子看着奔流而去的黄河，大声感叹道："时间就像这黄河水，不分昼夜地奔流而去！我的年华不断地流逝，但是却还没有找到最终的归宿①啊！"他这是感叹自己的才能一直都没有得到重用。

老子却笑着说道："你为什么不学习一下这水的德行呢？"

"水有什么德行啊？"

"水是最完美的东西：它泽被万物却不争名利，它愿意留在大家都厌恶的低洼之处，这说明它很谦虚；这种谦虚让它能够浇灌庄稼，成为百谷之王。它也是最柔弱的，但是他的柔弱却不是刚强可以打败的，这是一种柔德。"

孔子点头道："我明白了，大家都往上走，水却往下流；大家都喜欢待在安全的地方，水却敢于去危险的地方；大家都喜欢干净的地方，水却也不嫌弃那些脏污的地方。敢去所有人都厌恶的地方，

---

① 归宿：人或事物最终的着落。

春秋战国

自然就没人和他争了。"

"是的,你要记住,与世无争,别人就没什么可与你争的了。"

写书出关

春秋时期,诸侯国越来越强,周王朝越来越弱。老子觉得周王朝不是一个适合待的地方了,就决定出走,他想通过函谷关往西域去。

过函谷关的时候,他却被守关的长官尹喜拦下来了。要说每天过关的人那么多,为什么单单就把老子拦下来了呢?

传说,这尹喜是一个能人,老子还没走到函谷关,他就看到一团紫气从东边过来,他就知道有圣人来了。等到老子来了,他便把老子拦了下来。史实当然不会是这样,我们推测这尹喜应该是听说过老子的名声,所以在盘查的时候发现了老子的身份,这才把他拦下来的。

他对老子提了一个要求,老子想出关也可以,必须写出点东西,留下他的智慧,才能出关。老子没办法,就把他思考的东西写了下来,共有五千来字,取名为《道德经》。上篇叫《德经》,下篇叫《道经》,又分成八十一章。于是,一部五千字的惊天动地的伟大著作诞生了!

● **相关链接：**

万经之王——《道德经》

《道德经》是老子的哲学作品，是中国历史上最伟大的名著之一。《道德经》，又称《道德真经》《老子》《五千言》《老子五千文》，分上下两篇。上篇《德经》、下篇《道经》，分为81章。这是中国古代先秦诸子分家前的一部著作，为其时诸子所共仰。

对于今天的人们来说，《道德经》中所说的修身、治国、用兵、养生之道，对传统哲学、科学、政治、宗教等都产生了深刻影响，所以被誉为万经之王。据联合国教科文组织统计，《道德经》是除了《圣经》以外被译成外国文字发布量最多的文化名著。

 春秋战国

十三岁的早慧国君

他十三岁就当了国君,本该是顺风顺水的人生,却因为有极度偏心的母亲和狼子野心的弟弟,导致国内始终不安。幸好早慧的他,小小年纪就能对这混乱的局面应对自如,最终扫平内乱,站稳了脚跟。

偏心娘亲

郑庄公的名字叫寤①生,是郑国第三任国君,郑武公和武姜的大儿子。据说,武姜生他的时候正在做梦,梦醒了才发现儿子已经生出来了。梦中生子,在武姜的老家说法里是不吉利的事情,所以寤生从一出生就不招他亲娘喜欢。

寤生一出生,就被武姜丢给下人照顾,自己从来不与儿子亲近,

①寤:wù。

春秋：礼崩乐坏的争霸时代

因为她一看到这个儿子，心里就不舒服。寤生有娘等于没娘，不过，幸好他爹郑武公很喜欢他，每次从周天子那里回到郑国，都会跟他讲一些为人处世、治国治民的道理。寤生是个聪明孩子，从小就对郑武公讲的这些道理理解深刻。

后来，武姜又生了一个儿子，取名叫段，又称为叔段。叔段出生后，武姜终于表现出了一个正常母亲应该有的样子。每天陪着他玩耍、哄他睡觉，让在旁边看着的寤生忍不住猜想，眼前这个温柔的女人到底是不是自己的亲生母亲。

虽然没有母爱，但是寤生还是慢慢长大了。郑武公病死的时候，武姜建议把君位传给叔段。可是郑武公不同意，坚持让大儿子继承了王位，这就是郑庄公。这一年，郑庄公只有十三岁。

分封叔段

郑庄公上台之后，要给弟弟叔段划分封邑①。这个时候，武姜出来说话了，既然叔段当国君是没希望了，那她必须抓住这个机会给自己最喜欢的儿子争取最大的利益。

武姜找到郑庄公，"我要你把制邑分给你的弟弟做封地。"

郑庄公摇摇头，"那不行。制邑地势险要，是军事重地，关系

---
①封邑：奴隶社会或封建社会君主分封给诸侯或诸侯再向下分封的土地。

到国家安危,我不能把这么重要的地方分封给弟弟。"

"那就京城吧!这里不是军事重地了吧!"

武姜的胃口可真不小,要知道这京城乃是郑国的一个大城市,城墙坚厚、人口众多、物产丰富、经济十分发达。这地方对于郑国来说可是一个十分重要的纳税、纳粮大城啊!

郑庄公又想拒绝,但是看着武姜蛮横的样子,想着这毕竟是自己的母亲,拒绝了第一次也不好拒绝第二次,就点头答应了。

武姜是满意而去了,但是下面的大臣却炸开了锅。

"大王,您怎么能把京城分给叔段呢?那地方比我们的都城还大,这不符合规矩啊!"

郑庄公很无奈地说道:"这是母亲要求的,我也没办法!"

"小心京城将来成为国家的祸端啊!"

郑庄公沉稳地看着前方,"多行不义必自毙①,不要着急,等等看吧!"

如果这段对话发生在两个成年人之间,那不算稀奇,关键是说这话的人只有十三岁。一个十三岁的孩子,说出了一句流传千古的名言——多行不义必自毙。我们不由地推想,郑庄公的早慧和他从小承受来自母亲的偏心是分不开的。

---

① 多行不义必自毙:不义的事情干多了,必然会自取灭亡。

春秋战国

叔段造反

　　叔段到封地京城的时候只有十岁,武姜恨不得跟过去,但是祖制不允许。她日日思念自己的儿子,经常派人前去打听叔段的情况。到后来,她有了一个想法:为什么不让叔段代替寤生当国君呢?那我就可以天天看见他了。

　　于是,她开始引导叔段造反。叔段本来就只是个十岁的孩子,心智未全,在母亲日复一日的教诲下,就存了造反之心。

　　叔段成年之后,开始不断地试探郑庄公的态度。他先是命令郑国西部和北部的边境地区,在听从都城命令的同时也要听从自己的命令。这件事发生后,郑庄公既没有训斥他也没有采取任何阻止措施,于是他的野心更大了,直接把这两个地方变成了自己的封邑。这自行划分地盘的行为等同于造反了,但是郑庄公还是没有动静。

　　武姜一直在背后支持叔段的行为,叔段认为郑庄公是因为惧怕母亲才不敢和自己动手,于是开始筹备造反。他下令修理城郭,储备粮草,补充武器装备,充实步兵、车兵,准备袭击郑国都城,又写信给武姜,让她作为内应,按照约定的时间打开城门。

　　可惜,叔段实在是小瞧了自己的哥哥。郑庄公十分了解自己的母亲和弟弟,对他们的野心早有察觉。叔段扩张势力他都看在眼里,但是他始终忍着没有动手,只等着叔段真正出手的那一刻。

春秋：礼崩乐坏的争霸时代

叔段果然出手了，带领着一万多人从京城出发，前往都城，准备拿下郑庄公，自己当国君。他刚出城门没多久，就听见士兵禀告说京城被郑庄公的人占领了。叔段这才明白自己中了郑庄公的计。两军在鄢①地大战，叔段战败。

叔段逃到共城，在这里自杀身亡，所以后世又称其为共叔段。

---
① 鄢：yān。中国周代诸侯国名，在今河南省鄢陵县一带；该字也是姓。

相关链接：

黄泉相见

叔段叛国，战败自杀。郑庄公对母亲武姜的行为十分愤怒，对她说："不到黄泉不相见！"这句话的意思就是母子俩不到死的那一天就不要见面了。从这句话可以看出武姜极度偏心的做法让郑庄公有多伤心。

过了一年多，郑庄公开始思念自己的母亲了。但是，他亲口说出了那句狠绝的话，实在不好意思食言。这一日，大夫颍[①]考叔向庄公献礼，庄公赐给他食物。考叔说："我有老母，请您把食物赐给我的母亲吧。"

郑庄公对他敬爱母亲的行为十分赞赏，又很羡慕地说道："你可以把食物奉给你的母亲，我却因为誓言不能和自己的母亲相见。"

"这有什么难的？您让人挖一条地道，到有泉水的地方，你们母子就可以见面了。"

郑庄公恍然大悟，依照他的方法果然见到了母亲。武姜经过这段时间的冷静，也觉得自己亏待了大儿子。再见到郑庄公，母子的关系终于大为改善。

---
①颍：yǐng。

复仇者伍子胥

有人说,他是一代贤相,因为他的帮助,吴王阖闾获得王位,角逐霸主之位;也有人说他刻薄阴狠,为了报仇,竟然把仇人的尸体从坟墓里挖出来鞭尸,其行为实在令人发指。这个人就是伍子胥①,一个永载史册的复仇者。

父兄惨死

公元前546年,由于长年的争霸夺权斗争,各大国小国都疲惫不堪,老百姓们也颇多怨言,都希望这无休止的争夺霸权停止下来。所以,晋、楚、齐、秦等十四国在宋国的西门外召开了一场会议,这场会议的主题就是停止战争。

这时候,晋楚两国是最大的霸主,他们分别权霸南北。于是,

---

①胥:xù。

晋国的大夫和楚国的大夫分别代表南北两个地区讲了和,订了盟约。在之后的五十多年里,晋楚两国平分霸权,就再也没有发生大的战争。

公元前528年,楚国平王即位,他封伍奢为太傅①,费无极为少傅②。当时的太子建很尊重伍奢,但是很讨厌他父王的宠臣费无极。费无极对此暗恨在心,总想找机会暗害太子建。

楚平王上位第二年,太子建正好满15岁,费无极就建议平王为他成家。平王便给太子建聘秦女孟嬴③为夫人,费无极代表太子去秦国迎亲。费无极到秦国一看,这孟嬴长得很漂亮,他知道楚平王十分爱好女色,就想了一个坏点子,让楚平王把这孟嬴给娶了。儿媳妇变老婆,楚平王是高兴了,太子建心里却是十分不满,不过他也没有表现出来,只是对费无极更加厌恶。

费无极当然知道太子不喜欢自己,若是将来太子即位当大王,哪还有他的好果子吃?于是他想方设法要杀了太子建。公元前523年,费无极建议平王派太子建去镇守城父,然后诬陷太子和伍奢造反。

于是,楚平王就先把伍奢叫了回来,质问他为何帮助太子建造反。伍奢劝平王不要相信小人,疏远自己的亲骨肉。平王不信,一边派人暗杀太子建,一边逼伍奢给他的两个儿子伍尚和伍子胥写信,

---

①太傅:中国古代职官,为国王的辅佐大臣与皇帝老师,国王年幼或缺位时他们可以代为管理国家。
②少傅:少傅是"三公九卿"中"九卿"之一,后只作为皇帝对有功之臣的表彰,是虚职。
③嬴:yíng。

让他们回来,方便他斩草除根。

伍尚老老实实地回来了,伍子胥却早得到风声,逃走了。楚平王就把伍奢父子俩一起杀掉了。

一夜白头

伍子胥从楚国逃出来后,经过宋国、郑国又往吴国逃去。楚平王下令悬赏捉拿伍子胥,命人画了伍子胥的画像,挂在楚国各地的城门口,嘱咐各地官吏仔细盘查。

伍子胥逃到吴楚两国交界的昭关时,抬头一看,城墙门上高高挂着自己的悬赏画像,城门口的卫兵正一个一个地严查进出城的行人,看样子正在搜查、抓捕自己。

伍子胥一看这阵仗,哪敢凑到枪口上去。他连忙退回来,临时找了个地方躲起来,再想对策。可是,他思来想去都找不到办法,一连几夜都愁得睡不着觉。后来,他累得不行,终于睡着了,醒来之后一洗脸,发现自己满头黑发全部变白了,看上去老了几十岁。

"没想到竟然被逼到这个地步,"伍子胥摸着雪白的头发,眼里含着恨意,"楚平王,我一定会找你报仇的,我不会让我的父亲和兄长白白死掉。"

不过头发白了,对于伍子胥来说也算是一件好事,因为伍子胥

春秋：礼崩乐坏的争霸时代

的画像是黑头发，卫兵们一看伍子胥的白头发，看都不看一眼，直接就放行了。

伍子胥成功从城门出去，踏上了吴国的土地，他回头望着自己的故土，"我一定会回来的，等我再回来，就是复仇的时候了！"

破楚复仇

伍子胥到了吴国，结识了公子光，公子光答应伍子胥，若是伍子胥能帮助他夺取王位，他就帮助伍子胥复仇。伍子胥知道当时的吴王僚喜欢吃鱼，就让公子光请他吃鱼。吴王僚果然欣然赴约，却被负责烤鱼的厨子专诸刺死，自然，这专诸是伍子胥安排下的杀手。公子光顺利当了吴王，就是阖闾①。

公元前506年，吴王阖闾封孙武为大将，伍子胥为副将，亲自率领大军，向楚国进攻，连战连胜，把楚国的军队打得一败涂地，一直打到郢都②。

这时候，楚平王已经死去，在位的是他的儿子楚昭王。楚昭王见吴军打来，便连忙逃走了。伍子胥没办法手刃仇人，觉得很对不住自己的父亲和兄长。

---

① 阖闾：hé lú。
② 郢都：古地名，春秋战国时期楚国国都。

061

他到父兄的墓前祭拜，看着早已长满青草的坟茔①，伍子胥痛哭出声，埋藏在心里多年的痛苦终于有机会发泄。

"父亲、兄长，我们的仇人已经死了，我没办法为你们报仇，我该怎么办啊？"

伍子胥跪在地上，手指深深地抓进土里，泪水如断线的珍珠落在地上。突然，他抬起头，眼里满是恨意，"就算他死了，我也要报仇。"

于是，伍子胥干了一件让后人褒贬不一的事情，他把楚平王的墓地挖开，把他的尸体拿出来，狠狠地鞭打，总算是消了心头之恨。

伍子胥鞭尸报仇的做法，历代以来褒贬皆有，有的人认为这是为了报父兄惨死之仇，是合理的行为，有的则认为不够厚道，过于残忍了一些。

---

①茔：yíng。

相关链接：

伍子胥营造姑苏城

姑苏城，就是现在的苏州，要知道，这座城的设计制造者是两千五百多年前的伍子胥。

伍子胥深受吴王阖闾的信任和重用，是吴国的一代贤相。他治理吴国30多年，政绩卓著，有口皆碑，其中一个大功劳就是建造了苏州城。

当年，伍子胥通过考察风水、土质等，选定了吴中之地作为苏州古城的建筑地，构筑了周长47里大城和周长10里内城的姑苏古城。他还开掘和疏通了"胥溪"和"胥浦"，既避免了吴中地区的水患，又便利了当地的漕运和灌溉，对苏州的水利建设做出了巨大贡献。

苏州百姓为感念伍子胥的功绩，将古城西南角的城门称为胥门，胥门外的河流称为胥江，胥江至太湖的入口处称为胥口。千百年来，胥门、胥江总是与伍子胥的名字连在一起。可见，吴中大地的人们对伍子胥的敬仰、怀念之情十分浓厚。

春秋战国

越王勾践卧薪尝胆

苦胆很苦,却敢亲口品尝;柴草粗糙,却愿意安睡其上。越王勾践作为一国君主,敢于让自己过这样艰苦的日子,正是因为心中怀着复仇雪耻的目标。卧薪尝胆的事迹成为后世典范。

战败求和

吴王阖闾在孙武和伍子胥的帮助下打败了楚国,成了南方霸主。公元前496年,越国国王勾践即位。吴王阖闾趁着勾践在为他死去的爹允常办丧礼的时候,发兵攻打越国。两军在檇①李进行了一场大战。

吴王阖闾本以为自己此次出击,是攻其不备,越国一定会败给

---
① 檇:zuì。

自己,哪知道竟然打了个败仗,自己也中箭受伤,回到吴国就死了。临死之前,他对儿子夫差①说:"不要忘记找越国报仇。"

夫差即位后,便把找越国报仇当成了头等大事。他安排人守在宫门口,只要他经过,那人就大喊道:"夫差!你忘了越国的仇恨了吗?"

"我没有忘!我不敢忘!"夫差眼含热泪。

通过两三年的秣马厉兵②,吴王夫差决定攻打越国。两国的军队在夫椒一带开战了,越军大败。越王勾践带了五千残兵败将逃到会稽③,被吴军围困起来。

勾践十分后悔,早在吴王出兵之前,他的大夫范蠡④就跟他说过:"吴国为了这场战争练兵快三年了,这次肯定是怀着必胜之心来的,咱们应该避开他的锋芒。只要我们坚守城门,他们远道而来,自然粮草不济,时间长了就会退兵的。"

勾践却不喜欢当缩头乌龟,他决定迎战,没想到落得大败的下场。

他悔恨地说道:"难道我就要在这里丧命了吗?"

他的另外一个大夫文种劝道:"大王不可沮丧,当年商汤被夏

---

①差:chāi。
②秣马厉兵:秣,mò。秣马厉兵,喂饱马,磨快兵器,指准备作战。
③会稽:kuài jī。今浙江省绍兴市。
④蠡:lí。

春秋战国

桀幽禁，周文王被关在羑①里，晋国重耳公子四处流亡，齐国公子小白为了活命逃到莒国，他们最后都称王称霸。这样看的话，您现在的处境难道不是一种福气吗？不是为了将来称霸而经历的吗？"

勾践被文种这么一鼓励，心里好受了一些。范蠡就劝他去找夫差求和，先保住越国和自己的性命再说。勾践同意了他的建议，派大夫文种去找夫差求和。

帝王为仆

文种在夫差面前把勾践愿意投降的意思说了一遍。吴王夫差想同意，可是伍子胥坚决反对，夫差一时之间也无法决定。

文种打听到吴国的伯嚭②是个贪财又好色的人，便给他送去了美女和珠宝，请他帮忙在夫差面前说好话。拿人手短，伯嚭把美人和珠宝收下了，就在夫差面前拼命帮越国说好话。

夫差经不住伯嚭的劝说，不顾伍子胥反对，答应了越国的求和，条件就是勾践要到吴国去做人质。

一国之主到别的国家去做人质，这可不是一个小小的要求。但是勾践却同意了，他把国家大事托付给文种，自己带着夫人和范蠡

---

①羑：yǒu。
②嚭：pǐ。

春秋：礼崩乐坏的争霸时代

到吴国去。

夫差牢记当年阖闾对他说的话，就把勾践夫妇安排到阖闾的坟墓旁边居住。作为俘虏，夫差提供的生活条件自然不会很好。勾践夫妇住的是石屋，干的是奴仆的活。平时帮夫差喂马，如果夫差要出门，就帮他拉马。

夫差本来以为勾践肯定忍受不了这样的屈辱，没想到人家忍下来了，而且一忍就是两年。勾践两年的顺从服侍让夫差认为他是真心归顺了自己，便把他放回了越国。勾践的奴仆生活终于画上了句号。

卧薪尝胆

勾践终于回到了越国，他当然不是真心归顺吴国，一回到自己的国家，他立刻投入全部精力用来富国强兵。因为打仗，越国的人口越来越少，勾践就制定了奖励生育的制度，鼓励人们多生多养，扩充人口。越国的老百姓也都想改变被吴国欺压的状态，都听从勾践的指挥，努力工作，想办法让国家变得更加富强。

勾践怕时间长了，自己会忘记当初被围困会稽，在吴国做奴仆的耻辱，就在自己吃饭的地方挂了一颗苦胆，在吃每顿饭之前，都舔一下这颗苦胆。苦胆的苦味在嘴里弥漫，苦得勾践打了一个激灵，他对自己说："不要忘记吴国的耻辱！"

春秋：礼崩乐坏的争霸时代

    为了避免自己过得太舒适，消磨了意志，他还把自己的席子撤去，就像当初在吴国一样睡在柴草上面，每天晚上都回忆一遍当初在吴国的耻辱经历，以此警醒自己，不可放松，不可忘怀。这就是著名的"卧薪尝胆"。

    经过几年的发展，越国的国力终于得到提升，粮食满仓，军队战斗力极强，具备了伐吴复仇的能力。

相关链接：

越王勾践剑

在今天的湖北省博物馆，藏着一把两千多年前的利剑，那就是越王勾践剑。这把剑被当世人称为"天下第一剑"，历经时光的打磨，依然纹饰清晰精美，寒气逼人，锋利无比。

这把剑是属于越王勾践的绝世兵刃，于1965年在湖北江陵望山一号墓出土。剑身保存完好，剑长55.7厘米，出土时寒光闪闪，剑刃仍很锋利。剑身满布黑色菱形花纹，纹饰精美，镂刻最细处仅0.1毫米。近剑格处有两行鸟篆铭文："越王鸠浅（勾践）自乍（作）用剑"八字。这说明这把剑是属于越王勾践所有。

通过这把剑，我们仿佛能够亲眼看见越王勾践当年的霸主风采，其制作工艺之精美，堪称我国的国宝。

百世兵家之师

他被称为"兵圣",他写的兵法书流传了两千多年,直到现在还在为人们所研究、应用,被誉为"兵学圣典"。他写的兵法书还被翻译成多国文字,在世界军事史上享有极高的声誉和重要的地位。这个人就是孙子。

被推荐七次的人才

楚平王杀了伍子胥的父亲和哥哥后,伍子胥千辛万苦才从楚国逃出来。幸好,在吴国他遇到了公子光,并帮助公子光夺得了王位,成了新的吴王,就是阖闾。

吴王阖闾上台之后,一心想要增强吴国的实力,因为他想做霸主。于是他重用伍子胥,兴修水利,发展农业,提高粮食产量,让老百姓过上富足的生活。吴国的经济实力也在不断地增长。但是,军事

实力却一直都是吴国的短板①，而这恰恰是吴王阖闾想要夺取霸主之位的基础。

吴王阖闾每日都为这件事发愁，他还让伍子胥四处搜罗军事人才，供朝廷所用。伍子胥经过四方考察，找到一个隐士孙武。孙武这时已经完成了他的兵法十三篇，但是苦于无人推荐，一直得不到施展能力的机会。

伍子胥就向吴王阖闾推荐孙武，阖闾一听是个没名气的人，表示没有兴趣见这样的平民百姓，便把伍子胥的建议驳回了。伍子胥没有放弃，抓住机会就向阖闾推荐孙武，前后整整七次，阖闾终于松口，决定见孙武一面。

孙武终于得到面见国君的机会，心里很兴奋，带上了自己的兵法十三篇，经过伍子胥的引荐，来到吴王阖闾的面前。

阖闾向孙武问了一些军事方面的问题，问完发现孙武果然是个人才，无论是军事训练、兵法策略还是带兵的理念，都是他想找的人才。于是，他决定留用孙武。但是，他是一个十分慎重的人，所以在正式留用孙武之前，他做了一个看起来很荒谬②的决定。

---

①短板：原指箍成木桶的许多块木板中，影响木桶盛满水的较短的那块木板。比喻事物的薄弱环节。

②荒谬：谬，miù。荒谬，极端错误，非常不合情理。

春秋战国

训练宫女

吴王阖闾的决定就是让孙武训练宫女,而且,为了显示他的诚意,他还让自己宠爱的两个妃子一起参加训练。

孙武对吴王的要求没有异议,对他来说,这是在吴王面前表现实力的最好机会,也是唯一机会。若是这次训练不能让吴王认可,那他的前途就可能毁了。

等宫女们都到了校场,吴王坐在看台上饶有兴趣地看着场上的情况。两个妃子打扮得花枝招展,还不忘给吴王飞一个媚眼。其他宫女也是抓住这个能让吴王正眼相看的好机会,拼命展现自己婀娜①多姿的女性魅力。

孙武看着眼前这群弱柳扶风的女子,顿了一下,然后把她们分成两队,两个宠妃分别担任队长。

"各位,我奉主公的命令来训练你们,请大家认真对待这次训练,如果违反军纪,不听号令,我将以军法处置。"

宫女们嘻嘻哈哈,谈笑聊天,根本不把孙武放在眼里。

孙武提高了声音,"你们分得清前后左右吗?"

"又不是智力障碍者傻子,谁会分不清前后左右呀!你可真是无礼!"其中一个宠妃说道。

---

①婀娜:ē nuó。

"那好,那么接下来,我说前,你们就看着前方,我说后,你们就向后转,我说左,你们就向左转,我说右,你们就向右转。听明白了吗?"

"听明白了!"宫女们齐声答道,又是一阵嘻哈大笑。

孙武点点头,招手把军法行刑用的斧钺等刀具放在校场边上,然后下令:"右!"

宫女们哄堂大笑嬉笑打闹,根本没有人按照命令动作。

孙武又下了几道命令,宫女们也还是没有人听命,尤其是两个妃子,只顾着搔首弄姿,哪里听得见孙武的命令?

孙武大声宣布道:"我已经三令五申①过号令和军纪,你们却三番五次违反,我将以军法处置两位队长,以正军纪!"

两位妃子还没来得及向吴王求情,就被拉下去斩首。吴王看着自己爱妃的头颅,心在滴血,但是他对孙武严格的训练方式十分认可,认为这才是自己要找的元帅。

大败楚国

孙武被吴王任命为大将后,不但为励精图治的吴王治军讲武,勾画富国强兵的蓝图,而且还为吴国的兼并战争立下了卓越的战功。其中,最令人称道的莫过于对楚国的战争。

①三令五申:再三地命令和告诫。

吴王阖闾承诺过要助伍子胥回楚国报仇，加上他想要称霸，就需要扩展更多的领土，所以决定攻打楚国是最合适的。

但是孙武却不建议他立刻出兵攻打楚国，因为楚国的国力比吴国强，军队战斗力也比吴国强，再加上那些依附于楚国的小国随时都会来支持救援楚国。若是贸然攻打楚国，很可能会陷入被四面围攻的局面。最好的办法就是慢慢消耗楚国的战斗力，直到吴国有把握战胜他，再一举进攻楚国。

伍子胥就建议吴国一开始只对楚国的边境进行骚扰，一旦援军来了就撤退，援军走了又进攻。就这样你来我去，你去我来，消耗掉楚国的战斗力，然后再集中全力进攻。

于是，从公元前511年开始，楚国陷入了每年都要与吴国打仗的局面，这种情况持续了六年。楚军也在大大小小的战斗中损耗极大，战斗力也削弱了很多。公元前506年，孙武认为攻打楚国的时机已经到了。于是，联合蔡国、唐国，一起发动了攻楚的总决战。他首先在柏举击败楚军主力后，尾随追击，五战五胜，仅10天就攻进了楚都郢城，创造了春秋时期攻占大国都城的先例。

后来，若不是秦国派军救援楚国，楚国可能真的就被灭了。即使是这样，楚国后来是为了避开吴国的攻击，还是把都城暂时迁到了鄀①。

---

① 鄀：ruò。今湖北宜城东南。

◈ 相关链接：

飘然隐去的孙武

孙武凭借自己出色的谋略和战斗指挥才能在吴国地位稳固，但是他最后却没有为吴国服务到老，而是在五十多岁的时候退隐乡间，这是为什么呢？

原来，吴王夫差手下的伍子胥和伯嚭两人不和，伯嚭是个奸臣，总是在夫差面前说伍子胥的坏话，夫差到后来也慢慢不喜欢听伍子胥的逆耳忠言了。公元前484年，伯嚭诬告伍子胥有谋反之心，夫差赐了一把宝剑给伍子胥让他自杀。

伍子胥自杀后，孙武受到很大的震动。他之所以能够在吴国担任大将，完全是靠伍子胥的推荐和力保，现在伍子胥被杀，他看明白了夫差并不是一个值得为他服务尽忠终身的主公，便隐居乡间，专心修订他的兵法著作，一本传世兵法奇书《孙子兵法》就此问世。

春秋战国

吴越争霸战

春秋末期,吴越两国在江淮一带争夺霸主地位。越国利用美人计迷惑吴王,借生粮还熟粮让吴国闹饥荒,用离间计除掉吴王的智囊①,最终打败了吴国,夺得了霸主地位。

美女礼物

越王勾践卧薪尝胆,经过几年的努力之后,越国国力渐渐强盛起来。于是,他有了攻打吴国的想法,以报当年被困之仇。

"文大夫,范大夫,你们认为现在是攻打吴国的好时机了吗?"

文种答道:"听说吴王夫差自从当上了霸主,就变得骄傲自满起来,对朝政也不上心了。"

"可不是,下官还听说他这几年添了个新爱好,特别喜欢美人。

---
①囊:náng。

春秋：礼崩乐坏的争霸时代

那伯嚭惯会奉承，四处搜罗美人送到夫差宫里去，夫差可喜欢重用他了！"范蠡说道。

勾践点点头，"那这么说，咱们报仇的时机已经到了！"

文种说道："下官有个建议，咱们不如投其所好，给夫差送个美人去吧！"

"好主意！这美人不但得美，还得聪明，咱们还要靠她帮我们在夫差面前说说好话呢！"

美人计定下之后，勾践就开始四处物色美人，最后在苎罗山①找到一个美人，她的名字叫西施。

这西施出身不高，父母不过都是普通的老百姓，但是她长得十分美丽，负责去找美人的官员一眼就相中了她。西施被带回越王宫中，经过专门训练之后，脱褪去农家女的味道，整个人的气质有了质的提升，其风姿之美，任何男人看了都忍不住心动。

于是，越国勾践将西施献给夫差。夫差一见到西施，立刻就被西施迷住了，西施成了夫差的第一宠妃。西施没有忘记自己的任务，她和夫差在一起的时候，总是在他耳边念叨越国的好，使夫差对越国的印象也没有之前那么差了。

---

①苎罗山：苎，zhù。苎罗山，山名，在今浙江省诸暨市南。

春秋战国

还粮阴谋

等到西施在吴国站稳脚跟之后,勾践派文种去跟夫差说,越国年成不好,庄稼歉收,老百姓们都快饿死了。请吴国借一万石①粮食给越国,第二年就归还。

夫差本来还有些犹豫,但西施在他面前哭得梨花带雨,"大王,我的父母都还在越国,越国既然派人过来借粮,那肯定是被逼到绝路了。也不知道我的父母过得怎么样了,他们会不会被饿死啊?"

夫差见不得美人流泪,连忙安慰她,转过头就答应了文种的请求,借了一万石粮食给越国。

第二年,越国就来还粮食了。

文种很恭敬地说道:"谢谢吴王去年慷慨②借粮,解了越国老百姓之困。今年,我们越国大丰收,收的粮食比往年都更好,所以特地来还粮。而且,为了感激吴国对我们越国的帮助,我们大王特地命令我们挑选了最大最饱满的粮食来还给吴国。"

吴王见越国很讲信用,心里很高兴,再看文种送来的粮食,的确是又大又饱满,比借过去的粮食可好多了,就笑着说道:"你辛苦了!替本公我谢谢你们大王!"

---

①石:dàn。容量单位,10斗等于一石(在古书中读 shí)。
②慷慨:kāng kǎi。大方,不吝惜。

文种走了,夫差把伯嚭叫了过来,"越国还回来的粮食很好,拿去给老百姓做种子吧!"

伯嚭依令行事,将粮食分给农民百姓们,让大家播种。老百姓们拿到粮种,就按照时令种下去了,谁知道,等了十几天都还没有发芽。有的人说,可能这是越国来的粮食,跟咱们吴国的不太一样,可能发芽晚点,再等等吧。大家又等了十几天,还是没有发芽。

有人忍不住去地里把种子挖出来,才发现种子全都烂掉了。可是,大家已经错过了农时,重新再种已经来不及了。

原来,文种还回来的粮食看上去又大又饱满,但实际上是被蒸煮过后再晒干的,根本就不能用来做种子。吴国上了一个大当,第二年,庄稼歉收,全国闹起了粮荒。

灭吴决战

勾践听到吴国闹饥荒,就想趁机会发兵。

"大王,不要着急,吴国的国力很强,不会因为一年粮荒就空虚的,再说了,他还有一个伍子胥帮他呢,这个人不除,咱们发兵就太冒险了!"

"那怎么除掉他?"

"那就要靠西施和伯嚭了!"

不久,西施得到命令,让她有机会就和伯嚭合作,除了伍子胥。

公元前484年,吴王夫差要去攻打齐国,伍子胥奋力阻拦,希望夫差先攻打越国,除了这个枕边大患。

夫差坚持去攻打齐国,得胜回来,本以为伍子胥会后悔自己当初阻拦出兵,谁知道伍子胥说:"打赢齐国也不过是得了小便宜,越国才是最大的祸患。"

夫差本来得意得很,一听这话,心里很不高兴了,加上伯嚭在西施的鼓动下,不断地说伍子胥的坏话,让夫差更加讨厌他。最后,夫差给伍子胥送去一把宝剑,让他自杀。伍子胥临死的时候,气愤地对使者说:"在我死后把我的眼珠挖去,放在吴国东门,让我看着勾践是怎样打进来的。"

公元前482年,吴王夫差率领国内精兵去黄池和鲁哀公、晋定公等会盟,只留下一些老弱残兵在吴国。越王勾践趁机率领大军攻占了吴国国都姑苏。

等到吴王带着大军回来的时候,老窝已经被占了,自己的士兵累得不行,再和兵强马壮的越国大军打,根本就没有胜算。吴军大败,夫差求和。

公元前478年,越国再次攻吴,吴国大败。公元前473年,越国第三次攻打吴国。吴国这次被打得毫无还手之力,夫差羞惭自杀,临死前只留下一句话:"我没有脸见伍子胥了!"

吴越争霸就此结束,越国成为江淮一带的霸主。

◉ 相关链接：

东施效颦 ①

　　西施是越国的一个大美女，她长得十分娇美，但是有一个毛病，就是经常胸口疼。胸口一疼，她就用手捂住胸口，皱着眉头，看上去楚楚可怜，惹人怜爱。

　　有一天，她在溪边浣纱归来的路上，胸口疼的毛病又犯了，她一手端着纱盆，一手捂着胸口，皱着眉头往家走。路过的人们见到她的样子，都忍不住说道："西施难受捂着胸口的样子真是美极了！"

　　这话被西施隔壁的一个丑女听见了，这个丑女叫作东施。她的长相十分难看，粗眉小眼蒜头鼻，嘴巴更是大得可以塞拳头，大家看到她都忍不住转过头去。

　　东施见大家都很喜欢西施捂着胸口的样子，就学着她捂着胸口皱着眉头在村里走，村里人看见她的样子，都哈哈大笑，"东施，你本来就够丑了，再去学人家西施皱眉的样子，不是把自己搞得更丑了吗？"

　　这就是东施效颦的故事，这故事告诉我们不要胡乱模仿，免得弄巧成拙。

①东施效颦：颦，pín。东施效颦，比喻模仿别人，不但模仿不好，反而出丑。

春秋：礼崩乐坏的争霸时代

无冕皇帝孔夫子

他被后人尊称为"孔夫子""孔圣人"，但是生前却过得十分不得志。他走遍了大大小小的国家，也没找到愿意接纳他政治主张的国君，一生清贫，却留下了贯穿中国历史的儒家文化，成为儒家第一人，这个人就是孔子。

鲁国为官

孔子的名字叫作孔丘，他出生在鲁国陬①邑。他的父亲是一个武官，但是官位不高，而且在孔子三岁的时候就去世了。母亲带着孔子搬到曲阜居住，把他抚养长大。

从乡下到曲阜这样一个大城市生活，对于新寡的母亲来说，压力十分巨大，但是她为了让孔子能够得到更好的教育，在更好的环

①陬：zōu。

境中长大,还是坚持了下来。孔子也没有辜负母亲的期望,从小他就很用功读书,尤其爱学礼节。他最常玩的游戏就是模仿古礼的礼节,学着大人祭天祭祖。

长大后,孔子六艺①精通,因为他十分崇拜周朝初年那位制礼作乐的周公,所以他对古礼特别熟悉。他在鲁国做过很多种官,有管理仓库的小吏,有管理牧业的小官,由于对工作十分认真,所以他无论做什么,总是能取得很好的成绩。就这样,不到三十岁,孔子就已经有了很响亮的名声。

三十五岁那年,由于比较欣赏孔子的鲁昭公被三个掌权大夫架空王权,赶出了鲁国,孔子没办法,只好另寻出路。于是,他就到齐国去找齐景公。齐景公听了他的政治主张,觉得很好,就想重用他,却因为齐国的相国晏婴反对,只好又返回鲁国。

公元前501年,身为司寇②的孔子陪同新上位的鲁定公去参加夹谷诸侯联盟会议。由于孔子表现出色,鲁国把之前被齐国侵占的三个城市给要了回来。鲁定公十分高兴,准备重用孔子。

谁知道齐国却担心有孔子这样的能人在鲁国,将来对齐国不利,就给鲁定公送了一班女乐去。鲁定公有了这班女乐,每天都沉迷享乐,再也不管国家政事了。孔子进谏,却惹得鲁定公不高兴,到后来一

---

①六艺:古代指礼(礼仪)、乐(音乐)、射(射箭)、御(驾车)、书(识字)、数(计算)等六种科目。

②司寇:负责驱捕盗贼和据法诛戮臣子的官。

春秋：礼崩乐坏的争霸时代

听孔子求见，直接就挥手不见了。

孔子很失望，他对那些跟着他学习的弟子们说道："鲁国不适合我们待了，我们去其他国家吧！"就这样，孔子带着一干弟子离开了鲁国。

周游列国

从鲁国离开后，孔子开始周游列国。他的本意是希望找个欣赏他的君主，得到机会实行他的政治主张。但是，春秋时期，整个大环境都是以战乱为主，大国忙着争霸，小国忙着自保，谁也没心思去实现孔子的想法，恢复周朝初年的礼乐制度。他先后到过卫国、曹国、宋国、郑国、陈国、蔡国、楚国，都没有找到愿意重用自己的人。

理想得不到实现，生活有时候就是这么残酷，孔子也有被人调侃成丧家之犬的时候。他在从郑国到陈国的途中，和弟子们走散了，他就一个人站在东郭门外等着弟子们来找自己。孔门弟子子贡四处寻找自己的老师，一个郑国人告诉他："东门外有个人，长得九尺六寸，十分高大。他额头像尧帝，脑袋像皋陶，肩膀像子产①，只是腰以下差了禹三寸。他看起来很失落，像一条无家可归的狗。"

---

①子产：春秋时期著名政治家、思想家。

子贡到东门外找到孔子,把郑国人的话告诉了他。孔子心里明白,这郑国人是在讽刺自己总是谈圣人之事,他笑着叹息道:"是啊,他说得对,可不就像一条无家可归的狗吗?"

造成孔子这样局面的那些国君们,心里都明白孔子是一个十分有能力的人,所以,自己不用,也不愿意别人用。

有一次,孔子正在陈国和蔡国一带,楚昭王打听到了他的行踪,就想派人把他请到楚国去。陈、蔡两国的大夫不愿意孔子到楚国去,于是就向各自的国君进言,发兵把孔子给截住了。

孔子被围困,几天几夜都没有饭吃。但是,就算饿得没力气了,他还是坚持为弟子们授课,讲授君子之道。他的弟子子路很生气地说:"君子也会有这样穷途末路①的时候吗?"

孔子很豁达地说:"君子和小人都会有这样的时候,只是君子遇到困境会坚强面对,小人就会去想各种歪主意了。"

子路心里本来很焦躁,但听见孔子这样说,就好像被看透了心思,他不好意思得脸都红了。

幸好,楚国得知孔子被困,连忙派兵过来解救,这才让孔子和他的弟子们脱离了困境。

---

① 穷途末路:形容无路可走。

儒家学派

孔子周游列国十多年,也没实现自己的政治主张。他年纪也大了,就回到鲁国,把精力放在整理古代文化典籍和教育学生上面。

孔子晚年整理了几本重要的古代文化典籍,像《诗经》《尚书》《春秋》等。《诗经》是我国最早的一部诗歌总集,共三百零五篇。里面的内容都是反映西周、春秋时期社会生活的歌谣,在我国文学史上占有很重要的地位。《尚书》是一部我国上古历史文献的汇编。《春秋》则是根据鲁国史料编成的一部历史书。

公元前 479 年,孔子去世。他死后,他的弟子继续传授他的学说,形成儒家学派,孔子就是儒家学派的创始人。孔子的学术思想在后世影响很大,他被公认为我国古代第一位大思想家、大教育家。他被英国学者李约瑟评价为"无冕①皇帝",这是因为他的政治主张虽然在生前没有得到重用,但是在他去世后,中国几千年的历史都透着浓厚的儒家文化气息。

---

①冕:miǎn。

🔘 **相关链接：**

三人行必有我师

孔子虽然学识丰富，但他却十分谦虚。遇到比自己优秀的人，无论对方年龄、身份如何，都会虚心请教。

有一次，孔子在周游列国的途中遇到一个七岁的孩子。这孩子用泥土围了一座城，然后自己坐在里面。这城正好就在路中间，挡住了孔子的马车。孔子就请他让一让，这孩子答道："你这人真奇怪，从来都是车绕着城走，哪有城让车的道理？"

孔子一听，这孩子有点意思，便下车请教他的名字，小孩答道："我叫项橐①。"

孔子也说了自己的姓名，小孩子笑道："我听说孔先生很聪明，那我想请问你一个问题。"

"你请问！"

"你知道天上有多少颗星星，地上有多少五谷，人有多少根眉毛吗？"

孔子愣住了，这哪里答得出来呀？他老老实实地说不知道。

---

① 橐：tuó。

项橐得意地说道："那我告诉你。天上有一夜星辰，地上有一茬五谷，人有黑白两根眉毛。"

孔子一听有理，立刻躬身作揖，"谢谢您的赐教！您是我的老师！"

孔子辞别项橐，上了马车，对自己的弟子说道："看吧，三个人一起走，其中一定有一个人能做我的老师。你们以后也要谦虚点，这样才能增长见识。"

这就是"三人行必有我师"的来历。

春秋：礼崩乐坏的争霸时代

平民指挥官的胜仗

齐桓公的争霸路上少有败绩，但是他和鲁国在长勺的一场战争，却是以失败告终。而且，鲁国负责指挥战斗的还是一个没有官职、没有战场指挥经验的民间人士。

奇人来访

公元前684年，齐桓公即位的第二年，他决定攻打鲁国。之前在争夺王位的斗争中，公子纠得到了鲁庄公的帮助，齐桓公对此怀恨在心。加上鲁国紧邻齐国，对于一心想要扩张领土、成为霸主的齐桓公来说，拿下鲁国，对齐国的发展有十分重要的意义。

鲁庄公得知齐国要来攻打自己，觉得齐国欺人太甚，实在是忍不下去，便决心和齐国决一死战。但是，得知对方的统帅是齐国大夫鲍叔牙，鲁庄公心里就有些虚了。自己这边可没什么打仗的能人，

春秋战国

这仗该怎么打？他感到很茫然。

这时候，宫人来报说有一个平民求见。鲁庄公这会儿正是焦头烂额①的时候，哪有心情见什么平民，不过听宫人说这人是为齐鲁两国即将爆发的战争而来，就点头让他进来。

来拜访的正是隐士曹刿②。他也不客气，一见到鲁庄公就问道："请问主公打算用什么来抵抗齐国呢？"

鲁庄公想了想，"我不藏私，平时有什么好吃的都分给大家一起享用。"

曹刿摇摇头，"小小恩惠，少数人受惠，没有用。"

"我祭祀上天的时候十分虔诚，从不欺瞒祭品的数量。"

"这会儿等上天来帮您，也不现实啊！"

"平时老百姓有官司的时候，我都尽可能地查明真相，绝不冤枉好人。"

曹刿点点头，"这倒是不错，我想我们可以和齐国打一仗了！"

鲁庄公见他很有信心的样子，心里很高兴，"那我和曹先生一起去战场指挥战斗吧！"

---

①焦头烂额：形容十分狼狈窘迫。
②刿：guì。

春秋：礼崩乐坏的争霸时代

独特战术

　　齐鲁两国在长勺这个地方对上了。双方摆开阵势，鲁庄公和曹刿坐在同一辆战车上，远远地望着战场对面的齐军。

　　鲁庄公很激动，"曹先生，你看对面的齐军，军容齐整、气势高昂、兵器锋利，看起来很强的样子，咱们真的能打赢他们吗？"

　　曹刿笑了笑，"主公不可长他人志气，灭自己威风啊！"

　　鲁庄公点头道："曹先生说得对！"

　　这时候，对面齐军阵地传来惊天动地的战鼓声，原来是齐军准备发动进攻了。

　　"曹先生，我们也擂鼓准备进攻吧！"

　　曹刿摆摆手，"不着急，还不到时候！"

　　齐军又擂响了第二通战鼓，齐军一阵大喊，曹刿还是命鲁军按兵不动。

　　鲍叔牙见对方始终不动，还以为对方见自己这边士气高昂，胆怯怕战了，就立刻擂响第三通战鼓，齐军随之向鲁军冲过去。

　　曹刿转头对鲁庄公说道："我们也可以进攻了！"

　　鲁庄公立刻命人擂响战鼓，之前被对方耀武扬威的样子气得火冒三丈的鲁军，得到进攻命令，就像下山的猛虎一样扑向齐军。齐军没想到鲁军竟然发起如此勇猛的攻势，很快便败下阵来，转头就撤。

鲁庄公十分高兴,一挥手就打算乘胜追击,却被曹刿拦住了,"别着急,等我看一看!"

他下车看了看齐军撤退的车辙①,又爬上车看了看远退的齐军,然后肯定地对鲁庄公说:"主公可以命人追击了!"

鲁军兵士听到追击的命令,个个奋勇当先,乘胜追击,终于把齐军赶出鲁国国境。

一鼓作气

鲁军大胜,鲁庄公心里非常高兴,也对在战场上指挥若定的曹刿十分佩服。不过他对曹刿采用的战术十分好奇,一回到宫里就迫不及待地询问起来。

"曹先生,齐军头两次击鼓的时候,你为什么不让我反击呢?"

"打仗的时候,士气最重要。齐军击第一次鼓的时候,他们的士兵士气是最足的,这个时候我们反击就等于直接撞在刀口上;我们不反击,是避其锋芒。"

"齐军第二次击鼓的时候,咱们还是不反击,他们的士兵就有些泄气了;到第三次击鼓的时候,他们的士兵已经不耐烦了,哪里还有士气?而我们这边,也正是因为不允许出击,士兵们都憋着一

---

①辙:zhé。

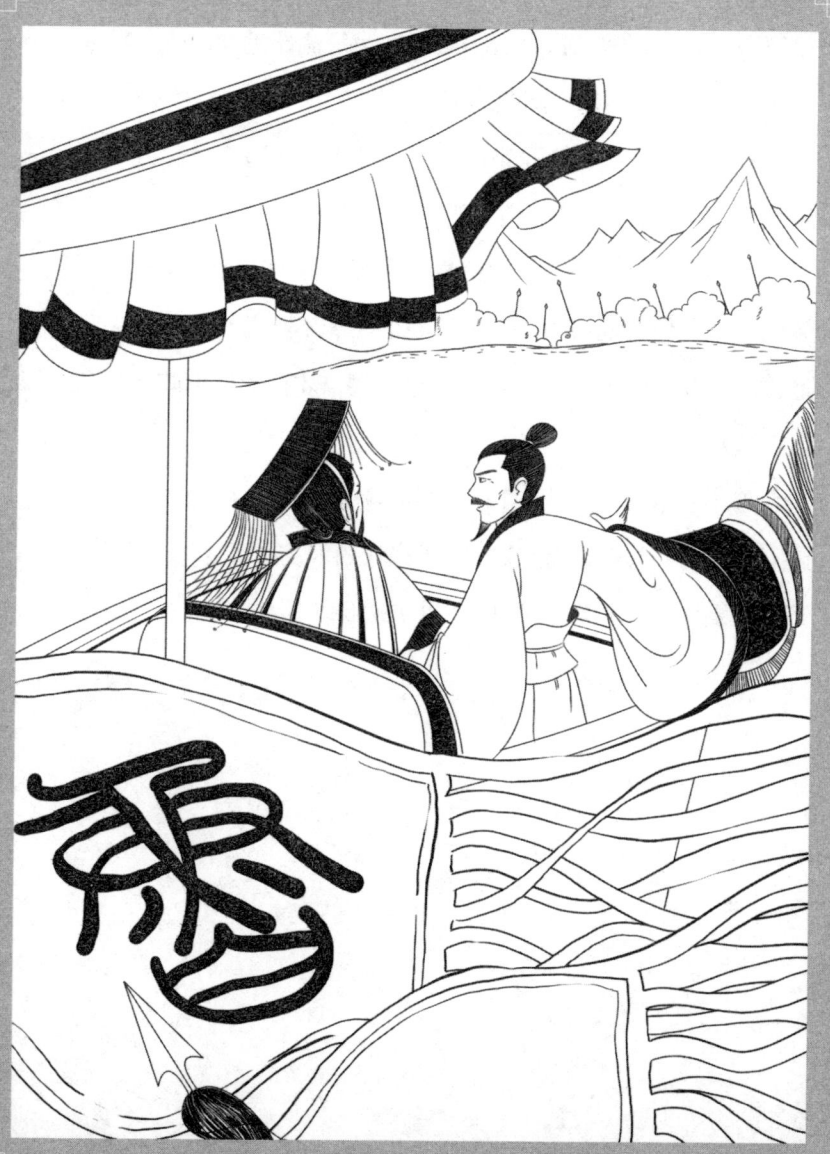

口气呢,所以,第三次,一击鼓他们士气高昂地冲出去,打赢已经松懈的齐军,自然是没问题的。"

鲁庄公点点头,"原来如此,曹先生真是厉害。那既然齐军已经战败,为什么又不下令立刻追击呢?"

"齐军虽然败退,但他们是个大国,兵力强大,说不定他们假装败退,在什么地方设下埋伏,我们不能不防着点儿。后来我看到他们的旗帜东倒西歪,车辙也乱七八糟,才相信他们阵势乱了,所以才请您下令追击。"

鲁庄公这才恍然大悟,称赞曹刿想得周到。经过长勺一战,齐国对鲁国的实力有了新的认识,扩张计划也发生了变化。过了两年,齐鲁终于谈和,两个国家进入和平共处的阶段。

相关链接：

鲍鱼为什么叫鲍鱼？

鲍鱼，其实并不是鱼类，它的本名应该叫盾鱼，是和贝壳类动物中的蚝一样的软体动物。那它为什么被称为鲍鱼呢？

原来这鲍鱼的得名源于鲍叔牙。鲍叔牙一辈子只喜欢做两件事：一是吃盾鱼；二是喝玲珑茶。管仲当了国相之后，为了报答鲍叔牙对他的知遇之恩，专门为他建造了玲珑园，专供鲍叔牙一生享用盾鱼和玲珑茶这两种美味。

盾鱼从那之后也就被称为鲍鱼了。

春秋战国

爱鹤亡国的卫懿公

一个人有点爱好很正常,可是这爱好居然引得百姓怨恨,导致国家灭亡,那就有点过了。这个人就是卫懿①公,一个爱鹤爱到痴迷的国君,将爱好摆在国家朝政的前面,最终成了贻笑万年的笑话。这也给人们提了个醒,玩物可以,丧志就不应该了。

爱鹤成痴

卫懿公是春秋时期卫国的第十八任国君,虽然他在位时间只有八年,但是他干的荒唐事却被载入史册,成为后世人们警醒自己的反面案例。

卫懿公生平没有什么其他爱好,只有一样,那就是对鹤极度喜

---
①懿:yì。

爱。鹤这种鸟类，有着洁净的羽毛，修长的脖子和亭亭玉立的身姿，在卫懿公看来，这些鹤比美人更美。

他到底有多喜欢鹤呢？一般国君后宫里都是美人成群，但是卫懿公的后宫里却是鹤比人多。卫懿公要求鹤每天必须吃山珍海味，宫女们每天忙着精心伺候那些鹤。

卫懿公如此喜欢鹤，下面的人自然会投其所好。那些想在卫懿公面前表现的官吏，都不管自己的本职工作了，专门四处搜罗漂亮的鹤，献给卫懿公。如果被卫懿公看上，就能得到他的喜欢，升官发财自然不在话下。

最夸张的是，卫懿公居然还给这些鹤封官定级，就像朝廷里的命官一样。这些鹤根据不同的品质、体态以及卫懿公的喜爱程度，被封为不同的官阶，享受相应的俸禄。卫懿公还经常带着这些鹤官们，在城里巡游。他坐在车上，这些鹤也按照品级坐在不同的车上，人鹤同游，看上去十分可笑。

不过卫国的老百姓可笑不出来，因为卫懿公的这个爱好，给他们的生活造成了极大的困扰。官吏们驱使他们四处去捕鹤，种出来的粮食还要送到宫里给鹤吃，交的税钱变成了这些鹤官们的俸禄。

卫懿公养鹤的钱不够了就从国库里拿，国库空虚了就从人民身上搜刮，总之，只要他的鹤过得舒心就好。卫懿公根本不管老百姓的死活，老百姓也对卫懿公十分怨恨。

抵抗外敌

卫懿公的荒唐爱好传到了北狄①。北狄王一直都在找机会到中原捞一把，这会儿听说卫国人都很怨恨他们的国君，觉得这是一个好机会，便带着两万骑兵突袭卫国。

卫懿公没想到狄人会突然来袭，大惊失色，连忙召集官吏征兵打仗。百姓们却说："你把我们的粮食和钱都给你的鹤了，我们快要饿死了，没有力气打仗，让你的那些鹤官们去打仗吧！"

卫懿公这才醒悟过来，自己的爱好给国家和百姓带来了多么坏的影响。他十分悔恨地说道："都是我的错！我以后再也不养鹤了。"

但是，后悔有什么用呢？老百姓的积怨很深，哪是一两句话就能挽救回来的？就这样，卫懿公的征兵计划失败，根本没有人愿意应征入伍。没办法，他只好强行抓人当兵，然后率领着这群没有经过训练的军队开往前线，去迎战狄人。

北狄可是一个尚武的国家，骑兵尤其厉害，和缺乏训练而且根本没有心思打仗的卫国士兵相比，就像是老虎和家猫一样。卫国人一见北狄的骑兵冲过来，立刻就军心涣散，扔下武器四处奔逃了。

卫懿公没办法阻止士兵们的逃散，最后被狄兵团团围住，惨死在乱刀之下。卫国都城也被攻破，卫国人死伤无数，尸骨堆满了都城内外。

①北狄：古代华夏人对北方非华夏各个部族的统称。

春秋战国

弘演纳肝

卫懿公被狄人杀了,死得很惨,据说他身上的肉都被狄人一块一块地割下来吃掉了,只留下内脏丢在那里,也没人收殓。

当时,卫国有个大臣叫弘演,北狄人袭击卫国的时候他正在外国出使。古代的通讯很不发达,所以等他知道卫国都城被攻破的消息后,仗都打完了。

他紧赶慢赶地回到卫国,却只看见尸横遍野的都城。

"主公呢?主公呢?"他四处喊道,询问着那些从狄人刀下保得性命的人。所有人都摇摇头,谁愿意去管那个害得都城被破、百姓家破人亡的昏庸国君呢?

弘演不死心,在战场上四处寻找,他想着,卫懿公多半已经死了,但是至少要找到他的尸体,好好安葬才行。他找了很多地方,幸好有一个士兵给他指了方向,说卫懿公被北狄人带过去了。

他顺着所指方向走过去,找到了卫懿公的衣服和帽子。衣物散了一地,尸体却不见了,遍地的鲜血,还有一副肝脏在地上。

弘演伤心地趴在地上哭了一场,然后痛苦地说道:"主公,臣回来晚了,请原谅!让我做你的衣裳吧!"于是他就自杀,把自己肚子里的肝脏掏出来,再把卫懿公的肝脏放进去,这才放心地闭上眼睛死去。

等到人们来安葬他们的时候,已经无法把卫懿公的肝脏拿出来了,于是就把弘演的尸体和卫懿公的肝脏合葬在一起。

相关链接：

斗牛而废耕

相传，卫懿公除了喜欢养鹤外，对其他动物也很喜欢。他很喜欢斗牛，一看到斗牛就特别兴奋。那些放牛的人，谁的牛战斗力强，得的俸禄就多，有时候和官员一样多。

大臣劝说道："主公，不能这样。牛是用来耕田的，不是用来取乐的。你这么喜欢斗牛，那些人就会把牛拿去斗，而不是拿来种田耕地。这牛不耕田了，咱们国家的收成还能好吗？没有粮食，国家的根本就都荒废掉了啊！"

卫懿公不听劝告，在卫国那些好斗的牛，比一般的耕牛贵十倍。在利益的驱使下，养牛的人都不再养耕牛，而是去训练牛抵角相斗，农业生产受到了很大的影响。

春秋战国

五张羊皮换来的大夫

一个百年难遇的人才值多少钱？秦穆公的答案是五张羊皮。因为他就是用五张黑山羊皮成功地将百里奚赎到身边，封他为上大夫，让他辅佐自己治理朝政，最终使秦国成为一个强国。

怀才不遇

百里奚本是楚国人，他饱读诗书，才学过人，可是因为家境贫困，一直都找不到机会施展自己的才干。看着百里奚失落的样子，他的妻子提出让他去别的国家求官。

"家里已经穷成这样了，我若是走了，你怎么办？"百里奚不想丢下自己的妻子和孩子。

"你有才能却得不到重用，我不想看你这样。你不用管我们，我会照顾好自己和孩子的。"

春秋：礼崩乐坏的争霸时代

于是，百里奚从楚国出发，历经了宋国、齐国等地，一直都找不到当官的机会。在齐国的时候，他身无分文，没办法，只好沿街乞讨。在郅①地，他遇见了蹇②叔，两人一番高谈阔论，结为知己。

蹇叔觉得他很有能力，就把他推荐到虞国做大夫。可是，虞国的国君是一个贪财无脑的人，为了得到晋国的宝玉和好马，居然答应让晋国通过自己的领土去攻打虢③国。这虢国可是虞国的邻国，也是他的同盟国。

大臣对虞国国君说了唇亡齿寒④的道理，他根本不听，坚持要借道晋国。最后，晋国把虢国灭了，转过头就对付虞国。

虞国被灭后，百里奚当了俘虏。晋国本来打算让百里奚做官的，但是他不愿意，就被当成陪嫁奴隶，在穆姬嫁给秦穆公的时候，陪嫁到了秦国。百里奚哪里愿意当陪嫁奴隶，于是就在送嫁途中，找机会逃回了楚国。

回到楚国，百里奚也没得到重用，倒是他养牛的本事传了楚成王耳朵里。于是，楚成王就让这位拥有惊世治国才能的奇才给他养牛去了。

五张羊皮

再说秦国这边，秦穆公早就看过穆姬的陪嫁单子，见上面有百

---
① 郅：zhì。
② 蹇：jiǎn。
③ 虢：guó。
④ 唇亡齿寒：嘴唇没有了，牙齿就会觉得冷，比喻关系密切，利害相关。

里奚的名字,很是高兴。因为百里奚还在虞国当官的时候,他就听说了这个人,也知道这个人是个旷世奇才。谁知道,送嫁的队伍到了秦国,才发现百里奚逃跑了。

秦穆公询问送嫁的人,"这百里奚逃去哪里了?怎么不抓回来?"

送嫁的人答道:"不过是个奴隶,跑了就跑了吧,我们可不敢耽误送亲的良辰吉日。"

秦穆公对公子挚说:"这个人是个人才,我想花重金把他从楚国赎回来。"

公子挚想了想,"这样可能没办法得到百里奚,因为楚成王不知道百里奚真正的才能,才会让他去养牛。如果我们出重金去赎他,那就等于告诉楚成王百里奚是一个难得的人才。那他怎么可能让百里奚到秦国来呢?"

秦穆公点点头,"你说得有道理,那我们该怎么办?"

"既然百里奚是逃走的奴隶,我们就用奴隶的价钱去买他。我们派人去跟楚成王说,这人是穆姬的逃奴,为了让穆姬高兴,所以你愿意出五张黑山羊皮把他赎回来。这样楚成王肯定就不会怀疑了,你就能得到百里奚了。"

果然,楚成王毫不怀疑秦穆公的意图,收下五张黑山羊皮就把百里奚交给了秦国使者。

百里奚被带回秦国,秦穆公亲自接见了他,态度十分亲切。百

里奚说道:"我不过是个亡国之臣,哪里有资格得到国君如此对待?"

"虞国国君不用你,才导致亡国,让你变成奴隶,这不是你的错。"秦穆公亲自解除了百里奚的奴隶身份,两人讨论了三天的国家大事,百里奚的见解让秦穆公十分佩服,他决定重用百里奚。

本来秦穆公打算要拜百里奚做上卿,这就等于把秦国的军政大权交给了他。可百里奚不接受,反而推荐蹇叔当上卿。秦穆公同意了,就让他用重礼把蹇叔请到秦国来和他一起做上卿。

施展才能

就这样,秦国用五张黑羊皮换来了一个治国人才。百里奚在秦国做了上卿之后,对内提倡教化,开启民智;对外搞好与邻国的关系,不兴战事。他始终保持着爱民思想,勤勉政事。他劳累不坐车,酷暑炎热不打伞;走遍国中,不用随从的车辆,不带武装防卫,深得秦国人民的信赖。

秦国和相邻的晋国,一直都保持着婚嫁通好的传统,两国关系十分紧密。

公元前651年,晋献公去世。晋国是个大国,若是内政不稳,会对整个局面产生影响。为了大局着想,百里奚亲自率兵护送公子夷吾回国即位,就是晋惠公。秦国答应支持夷吾即位的条件之一就

是等夷吾上台后，就把河西八城割给秦国。谁知道他当了国君却把这事儿抛在脑后。

晋国食言，秦国对此很不满。三年后，晋国遇到荒年，找秦国借粮。朝内有人不同意借粮给晋国，百里奚却坚持要借，他说："秦国借粮，不是给国君一人，而是去救晋国的老百姓。"这样仁爱宽广的胸怀，让晋国人对秦国十分感激。

又过了两年，轮到秦国遭灾。秦国向晋国借粮，谁知道没有等来粮食，却等来了晋国的军队。两国在韩原交战，双方伤亡惨重，最后秦国取得胜利，还俘虏了晋惠公。为了不犯晋国人的众怒，让刚刚经历了饥荒又遇到战乱的秦国能够休养生息①，百里奚主张把晋惠公放回去。

后来，晋惠公死了，百里奚又辅佐秦穆公将在外流亡的晋国公子重耳扶上了君位，这就是晋文公。晋文公是个很有才能的人，他首先称霸。秦国则与晋国保持友好关系，和晋国一起攻打意图称霸中原的楚国。最终，秦国成为晋国之外，北方实力最强的国家。

百里奚在处理秦国和晋国的关系上，始终保持一种和平共处的态度。这是因为他一方面不愿意把战争引到国内，让百姓家破人亡；另一方面也是出于对秦国实力的考量。秦国当时的确不足以与晋国抗衡，百里奚通过与晋国交好的外交政策，为秦国赢得了发展时间，也为秦国在战国时期崛起，最终统一六国奠定了基础。

①休养生息：指在国家大动荡或大变革以后，减轻人民负担，安定人民生活，发展生产，恢复元气。

● **相关链接：**

相堂认妻

百里奚在秦国当了上卿（国相），树立了极高的声望。有一天，他在丞相府大宴宾客，还安排了歌舞招待客人，十分热闹。

突然，一个在府内洗衣服的老妇请求为上大夫百里奚演奏一曲。百里奚答应了，老妇坐下来自弹自唱，歌词的内容就是百里奚发迹之前的事情。

百里奚让老妇上前来问话。他仔细一看，大惊失色，立刻冲过去将老妇抱在怀里，痛哭起来。

宾客们见了很意外，都不知道发生了什么事。原来，这老妇就是百里奚的妻子。

当年，百里奚辞别自己的妻子和孩子，一个人外出求官。等他当上了上卿，再回去找妻子时，已经人去屋空。

现如今，终于找到了妻子和孩子，百里奚将他们接进府中，一家人团聚。秦国人知道这件事后，都觉得百里奚发达了也不忘老妻，的确是一个品德高尚的人，对百里奚越发尊重起来。

战国：
群雄逐鹿终归于秦

春秋战国

三家分晋战国始

曾在春秋时期称霸诸侯的晋国，到了春秋末期却衰落下来，国君的王权被大夫瓜分，形成了六家执政的局面。然后，六家变四家，四家变三家，最后直接把晋国变没了。这就是历史上的三家分晋，也是春秋结束、战国开始的标志。

智家独大

春秋末期，晋国的实权由六家大夫把持，他们都各有地盘和军队，他们之间互相攻打，最后只剩下了智家、赵家、韩家、魏家。在这四家中，又以智家的势力最大。

智家的主君叫智伯，继位之后，仗着智家的实力比其他三家都要强，就想侵占其他三家的土地，让他们以智家为尊，以便将来把这三家吞了，智家能独得晋国。

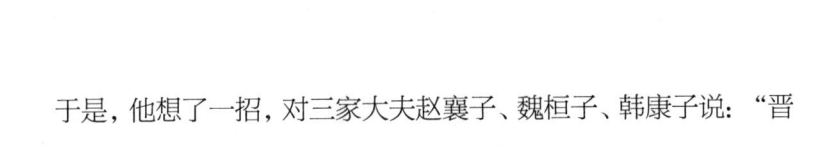

于是,他想了一招,对三家大夫赵襄子、魏桓子、韩康子说:"晋国本来是中原霸主,后来却被吴、越夺去了霸主地位。为了使晋国强大起来,我主张每家都拿出一百里土地和户口来归给公家。"

这三家一听,心里都明白,这智伯是打着公家的幌子来蚕食①我们的土地来了。谁不知道晋国国君如同虚设,这会儿是把土地给了公家了,将来智伯想要独吞下去,还不是易如反掌②?

可是智家的实力确实比较强,韩康子和魏桓子都不想和智家撕破脸,就先后把土地和户口交出来了。偏偏赵襄子不乐意,他对智伯说道:"我赵家的土地都是祖上拼了性命挣来的,作为赵家后代,不敢干这种背弃祖宗的事情。"

智伯让三家交土地、户口本来就是两步计划。若是三家都乖乖交出土地和户口呢,那智家就能大捞一笔,实力就更强了。若是哪家不听话,就趁这个机会教训他一顿,树立智家的权威。于是,公元前455年,他命令韩家和魏家和他一起攻打赵家。

韩、魏两家不敢拒绝,就分别担任右路军和左路军,跟随智家一起攻打赵家。

---

①蚕食:像蚕吃桑叶那样一点儿一点儿地吃掉,比喻逐步侵占。
②易如反掌:做起事来就像把手掌翻过来一样容易。

春秋战国

水淹晋阳

智伯自己率领着中军,带着韩、魏两家的军队,三路人马直奔赵家。赵襄子一看,三家打一家,赵家肯定是打不过呀,所以赶紧带着赵家兵马退守晋阳。

很快,晋阳城就被三家的军队围得像一个铁桶一样。赵襄子知道硬拼是拼不过的,就命令将士们坚决把晋阳城守住,绝不出城交战。这晋阳城的城墙坚厚高耸,三家士兵想要攻城就只能搭梯子爬上城墙,赵襄子便命令守军等到三家士兵开始爬墙,就往下射箭。利箭像蝗虫雨点子一样射下来,三家人马根本没办法抵抗,只能退回来。

就这样攻一次退一次,攻一次退一次,赵家凭着城墙和弓箭坚守了两年多,三家人马也在城外耗了两年多。

智伯见这晋阳城久攻不下,心里也有些着急,就亲自到城外查看地形。晋阳城东北有一条河,叫作晋水,这条河原本是绕过晋阳城往下流的,如果能把这水引过来,不就直接把晋阳城给淹了吗?大水淹了城,赵襄子又还能坚守多久呢?

于是,他命令士兵在晋水和晋阳城之间挖了一条河,然后堵住晋水,等到水满堤坝,就一下子挖开堤坝,水冲晋阳城。赵家也是倒霉,智伯刚刚想了这么一个坏主意,就碰上天下大雨,水坝上的水很快就满了。智伯就命人把堤坝开了一个大口,大水立刻就冲垮

堤坝，直奔晋阳而去。

晋阳城里很快就淹了水。房子被淹了，老百姓们只能跑到房顶上去避难；煮饭的灶头也淹没在水里，成了青蛙的乐园，人们只能把锅吊起来煮饭。可就算是这样，晋阳城的老百姓也不屈服，他们恨透了恶毒的智伯，都表示宁可淹死，也不投降，要和赵襄子并肩作战到底。

智伯得意扬扬地对韩康子、魏桓子说道："你们看，晋阳被淹成这样，还能坚持多久呢？以前我觉得晋水是一道城墙，能够帮助晋阳拦住敌人，现在看来，晋水也能毁掉晋阳，毁掉赵家啊！"

韩魏反水

韩康子和魏桓子看在眼里，急在心里，他们眼看着水淹晋阳，不由想到自己家的情况。这魏家封邑安邑和韩家封邑平阳，地形都和晋阳城十分相似，旁边也各有一条河。韩康子和魏桓子都感觉赵家的今天可能就是他们两家的明天。

晋阳城里面的情况越来越艰难，赵襄子很着急，他对门客张孟谈说："老百姓现在虽然还很支持我们，但是水势若是这样一直下去，晋阳城就真的保不住了，咱们得快点想办法才是。"

张孟谈说道："我推测韩家和魏家也不是真心归顺智家，不如

春秋战国

由我去找他们谈谈，也许会有转机呢？"

赵襄子同意了，张孟谈趁夜溜出了晋阳城，找到了韩康子和魏桓子，和他们商量三家联合在一起，反过来攻打智家。韩康子和魏桓子白天还在为自己家的未来发愁，这会儿张孟谈来谈合作，他们顿时就心动同意了。

第二天夜里，智伯在自己的营帐里睡大觉，突然听到一阵喊杀声，他连忙爬起来，却发现自己的营帐被淹了。出来一看，整个兵营都被淹了。他还以为是晋水那边的水势太大，连自己这边也被淹了，连忙指挥士兵去抢修。

这时候，四面八方都响起了战鼓声，原来是赵、韩、魏三家的士兵坐着小船、木筏一起杀了过来。智家军措手不及，有的被砍死，有的被砍伤淹死在水里，死伤不计其数。智家军全军覆没，智伯也被杀了。

就这样，赵、韩、魏三家灭了智家，瓜分了智家的土地，又把晋国其他的土地都给瓜分了。公元前403年，韩、赵、魏三家派使者上洛邑去见周威烈王，要求周天子把他们三家封为诸侯。

周威烈王也没办法辖制这三家，就只好同意了，把三家正式封为诸侯。从那以后，赵、魏、韩三诸侯，加上秦、齐、燕、楚，就是战国七雄。

战国时代，开始了。

● **相关链接：**

刺客豫让

赵襄子联合韩家、魏家灭了智伯之后，成为七雄之一。

有一天，他在宫中行走，路过一个正在整修的厕所，突然一个正在修厕所的工人拿着匕首冲过来要杀他。赵襄子的卫兵把他抓住，询问之下，才知道这人叫豫让，是智伯的家臣，来找赵襄子报仇。

赵襄子很感慨，想不到智伯这样的人还有如此忠诚的人跟随，就让士兵放了他。

豫让出来后，还是不死心。他用漆涂遍全身，又吞下火红的木炭烫哑自己，然后经过多方打听到赵襄子的行踪，躲在一座桥下，伺机再次刺杀赵襄子。

赵襄子骑着马来到这座桥上，突然马儿嘶叫，四蹄乱蹬，他感觉有异，就让人搜查，果然找到了躲在桥下的豫让。

豫让的刺杀计划再次失败了，他请求赵襄子把衣服脱下来让他刺杀。赵襄子对他的忠心十分感动，就把衣服给了他。豫让拿起刺刀使劲刺了衣服三下，然后自杀身亡。

这就是刺客豫让的故事。

信陵君窃符救赵

秦国变得强大之后,四处征伐,很多国家都害怕秦国。但是有一个人,却凭着自己的胆量,救了一个国家,这个人就是战国四君子之一的信陵君。

赵国求救

信陵君,本名叫魏无忌,是魏国的公子,是魏安釐[①]王的弟弟。安釐王即位之后,就把他封在信陵,所以后世称他为信陵君。信陵君是战国四公子之一,也是一个礼贤下士的君子,门下养了食客几千人,在魏国的声望很高。

公元前260年,赵孝成王在长平之战中,中了秦国的反间计。

---

① 釐:lí。

用惯会纸上谈兵①却没有实战能力的赵括代替了老将廉颇，最终导致赵国大败，四十多万赵国兵士被秦国坑杀，赵国国力因此削弱。公元前257年，秦国的军队包围了赵国都城邯郸。

赵国的形势已经到了非常危急的时刻，急需要外来的援助。赵国的丞相叫赵胜，是战国四君子中的平原君，同时也是信陵君的姐夫。于是，他多次向魏国送信，希望魏国能够派兵救援赵国。魏安釐王看在平原君夫人的分上，就让晋鄙将军率领十万人马前去救赵。

秦王得知魏国出兵后，就派使臣前去警告魏王，"赵国早晚会被我拿下，谁要是敢阻挠我，去救援赵国，那么等我拿下赵国之后，我就先调兵攻打他。"

魏王很害怕，不敢直接得罪秦国，但是大军已经派出去了，也不好撤回来，毕竟关系到国家颜面的问题。于是，他命令晋鄙不再进军，驻扎在邺城，名义上是救赵国，但实际上持的是一种观望态度。

魏国的做法让平原君感到十分失望，他派人责备魏无忌："我听说公子道义高尚，能够帮助别人解脱危难，所以才愿意和魏国联姻结亲。现在邯郸已经十分危急，如果援兵不来，早晚会投降秦国。就算公子不担心我，也要想想你姐姐的处境啊！难道你希望看着她成为秦国的俘虏，受尽屈辱吗？"

信陵君听了这话，就三番五次地央求魏王出兵，魏王却怎么也

---

①纸上谈兵：在文字上谈用兵策略，比喻不联系实际情况，空发议论。

不答应。信陵君就说道:"如果大王不愿意发兵救赵国,那我就自己去!我死也要和他们死在一起!"

侯嬴献计

有很多门客都愿意跟随信陵君去救赵国,唯有一个叫侯嬴的无动于衷①。信陵君自认为对这个侯嬴很好,就去问他为什么不愿意和自己一起去。

侯嬴笑着说道:"你们这样去救赵国,就如同去给秦国送了一块肥肉,人家会跟你客气吗?那不就是白白送死?"

信陵君叹息道:"这我也明白,但是实在是没有办法啊!"

"我有办法啊!"侯嬴支开旁人,对信陵君说道,"大王宫里有一个很受宠爱的如姬对不对?"

"是的。"

"我听说您对她有恩,她的杀父仇人就是您派人帮她找到并杀掉的。您为如姬报了仇,她为了这件事肯定十分感激公子,如果能请她帮忙把大王卧室里的兵符②偷出来,那您拿到兵符,就可以去邺城接管晋鄙的兵权,就有兵力和秦国作战了。那不比这样白白送死

---

①无动于衷:指对令人感动或应该关注的事情毫无反应或漠不关心。
②兵符:古代调兵遣将的符节。

战国：群雄逐鹿终归于秦

好吗？"

信陵君眉开眼笑，"先生好计谋！"

很快，如姬就把兵符偷出来交给了信陵君，信陵君准备出发之前，侯嬴又来了，还带来了一个十分强壮的人。

"将在外，君命有所不受。万一晋鄙接到兵符也不交兵权，您就让我的这个朋友朱亥对付他。"

信陵君点点头。

侯嬴又说："我已经老了，没办法跟随您去作战，您到达邺城的那一天，我就会向北自刎，以谢君恩。"果然，等信陵君赶到邺城的时候，侯嬴在家里自刎而死。

出兵救赵

信陵君带着朱亥和门客们到了邺城，见到晋鄙，就把兵符拿了出来，让他交出兵权。

晋鄙觉得信陵君来得有点突然，心生怀疑，就说道："交出兵权乃是军机大事，我要奏明大王，才能照办。"

信陵君见晋鄙果然如侯嬴所猜想的那样，不愿意交出兵权，就对旁边的朱亥使了一个眼神。朱亥拿出藏在袖子里的四十斤重的大铁锥，向着晋鄙砸过去。晋鄙立刻脑袋开花，当场死了。

125

信陵君拿着兵符，对将士们宣布命令："父子都在军中的，父亲可以回去；兄弟都在军中的，哥哥可以回去；独子没兄弟的，都回去照顾父母；其余的人都跟我一起去救赵国。"

然后，他选了八万兵马，出发去救邯郸。秦军没想到魏国居然真的会出兵救赵国，手忙脚乱地抵抗了一阵，就有些支撑不住了。平原君见信陵君率军来救，喜出望外，立刻带着赵国的军队杀了出来。两面夹攻之下，秦军兵败如山倒，主将带兵逃走，剩下两万秦兵被围困，投降了。

信陵君救了邯郸，保全了赵国。赵孝成王和平原君十分感激，都亲自到城外迎接他。信陵君让手下的将军带着他的军队返回魏国，自己与门客留在了赵国。赵孝成王感激信陵君窃符救赵，封赏了五座城邑给信陵君。

◉ **相关链接：**

礼贤下士的信陵君

魏国有一个隐士叫作侯嬴，七十岁了还是守门小吏。信陵君听说此人，便带着厚礼前去拜访，可侯嬴却不收。

信陵君猜想可能是觉得自己不够尊重他，便在家里摆上酒席，请来宾客，亲自去迎接侯嬴。上了马车的侯嬴对信陵君说："公子，我有个朋友在屠宰场，我想去拜访一下！"

信陵君立刻驾车带着他来到屠宰场，侯嬴要见的人就是朱亥，他们聊了半天，信陵君一点都没有不耐烦，很恭敬地等候着侯嬴。

等两人说完，侯嬴才坐上马车。此时，府里的宾客早就等得不耐烦了，见信陵君很恭敬地领带着一个老头进来，很不可思议。

侯嬴笑着对信陵君说道："我只是个看门的老头，您却对我这么尊重，街市上的人看到了您的态度，都知道您是一个礼贤下士的高人。这也算是我对您的报答了！"

这件事传出去后，信陵君礼贤下士的名声越来越大了。

春秋战国

没有双脚的军师

历史上,除了著有《孙子兵法》的孙武之外,还有一个著名的军事家孙膑,他的《孙膑兵法》也深受后世的追捧。但是,这个军事家却是一个没有双脚的残疾人,他是如何以其残疾之身成为齐国军师的呢?

惨遭陷害

孙膑,原名孙伯灵,乃是孙武的后世子孙。因为被人陷害,遭受膑刑,膝盖以下全被砍掉,成了一个残疾人,所以世称孙膑。

孙膑跟随鬼谷子①学习兵法的时候,有一个同窗叫庞涓。庞涓这个人心胸狭窄,且手段毒辣。不过在和孙膑一同求学期间,两人相

---

①鬼谷子:鬼谷子是周朝的思想家,因为隐居鬼谷,所以被称为鬼谷子。他留下的著作《鬼谷子》被称为"智慧禁果、旷世奇书",里面所讲的权谋策略即使到现代,也是政治、军事、外交、商业领域的必备之书。

处十分融洽，还结拜成了异姓兄弟。

三年学成之后，庞涓决定下山去投奔明主，一展才学，孙膑却想再跟着鬼谷子多学一点东西，于是依依不舍地送庞涓离去。

庞涓下山之后，很快就得到了魏惠王的重用，成了魏国的元帅。他也确实有些真本事，带领着魏国的军队不断地进攻周边的小诸侯，取得了很多场胜利，甚至还打败过当时的强国齐国的军队。这让他在魏国取得了很高的威望，魏国从上至下都很认可他，他也觉得自己是一个无人能比的帅才，心里十分得意。

不过，他心里一直有一个隐忧，那就是还在跟着鬼谷子学习兵法的孙膑。他心里很清楚，孙膑在和他一起求学的时候，就十分认真踏实，在兵法方面的领悟力也比他强。他很担心孙膑将来出山之后会得到重用，夺走自己的地位，于是他就开始想办法要除去孙膑。

孙膑哪里知道庞涓的想法，他心里还把庞涓当作兄弟，所以当庞涓让人送信来叫他去魏国的时候，他欣然同意了。他本以为庞涓叫自己去魏国是打算向魏王举荐自己，然后两兄弟一起为魏国效力，建功立业。哪知道庞涓却在魏王面前捏造罪名陷害他，魏王听信庞涓的话，不但对孙膑施了膑刑[①]，还在他脸上刺了字。庞涓想孙膑这下子完了，没有哪个国家的君王会重用一个残疾人，孙膑再也不可能胜过自己了。

---

①膑刑：夏商时期的五刑之一，又称刖刑，是断足或者砍去犯人膝盖骨的刑罚。

春秋战国

田忌赛马

可惜,天不从人愿,孙膑并没有如庞涓期望的那样一蹶①不振,反而在齐国派使者到魏国来访的时候,悄悄地求见了齐国使者,并以自己的才学游说他。齐国使者对这个身体残疾,才情一流的人十分感兴趣,就悄悄地把他带回了齐国。一到齐国,孙膑就受到了齐国大将军田忌的优待,并留他在家里居住。

孙膑在田忌家里虽然受到很好的照顾,但是却一直没机会展示自己的才能。直到有一天,田忌家里来了许多尊贵的客人。他们是齐国的诸位王子,他们想要和田忌来一场赛马。

田忌很发愁,他是齐国的将军,如果在赛马场上输了实在是有些难看,但是家里的马和诸位王子的马比起来,实在又差了那么一点点。孙膑仔细看过双方的马匹后,对田忌说:"你尽管下大赌注,我包你能赢。"

田忌相信了他,和诸位王子下了千金重注。等到要比赛的时候,孙膑对田忌说道:"你用你的下等马和对方的上等马比;然后用你的上等马和对方的中等马比;最后用你的中等马和对方的下等马比。这样就可以比赢对方了。"

田忌按照他的方法和诸位王子进行比赛,果然如孙膑所料,他

---
①蹶:jué。

春秋战国

输了一场赢了两场，最后赢了这场赛马。田忌对孙膑的智慧十分佩服，就向齐王举荐了他。齐王和孙膑谈论了一番兵法，认为他的确是个有才能的人，就任命他为齐国的军师。

围魏救赵

没多久，魏国攻打赵国，赵国派人来向齐国求助。齐王派田忌为大将，孙膑作为军师辅佐。田忌原本想直接率兵前往赵国与魏国正面交锋，解除赵国的困境。孙膑却拦住了他，"想解开一团乱丝，不能使劲去扯；想拉开两个打架的人，不能跳进去硬拉。现在魏国已经把精锐部队派去攻打赵国了，魏国国内肯定都剩些老弱病残的士兵，你为什么不率领军队去攻打魏国？魏国一旦被攻，那些前去攻打赵国的军队肯定要立刻掉头回来救魏国，赵国的困境不就解开了吗？"

田忌听了孙膑的意见，前去攻打魏国，魏军得讯后立刻离开赵国，转回头来保卫自己的国家，最终与齐国在桂陵相遇，并在这里进行了一番大战，最后被齐国打得大败。这就是有名的"围魏救赵"。

就这样，孙膑用他的军事智慧为齐国赢得了多场大战的胜利，虽是残疾之身，却能成为齐国的肱①股之臣，也最终帮助齐国成就了霸主地位。

---

①肱：gōng。

● **相关链接：**

庞涓之死

据史书记载，孙膑和庞涓这一对仇人最终在马陵之战中相遇。孙膑了解庞涓是一个十分狂傲轻慢的人，为了迷惑他，就命人每日减少埋灶的数量，造成齐军在魏国大败，伤亡惨重的假象。庞涓果然上当，一路猛追，最终被孙膑引到了马陵。

马陵道路狭窄，两旁又有很多可以埋伏士兵的地方，孙膑就让人把路上一棵大树的枝叶砍掉，挖掉树皮，然后在上面刻着："庞涓死于此树之下"。庞涓到了树下，看到这几个字，怒火冲天，举起火把就要把这棵树烧掉。哪知道孙膑早就预料到他会有此举，便命令左右埋伏的士兵，一旦看到火就万箭齐射，庞涓根本来不及躲藏，立刻就被射死在树下。

庞涓和孙膑的故事证明了一句话：最了解你的人是你的敌人。正是因为对庞涓性格的了解，孙膑才会料事如神，将仇人杀死，为自己报了大仇。

春秋战国

门客三千孟尝君

　　孟尝君是战国时期的"四公子"之一,他名叫田文,是齐国的贵族,封地在薛国。他在薛国耗费家业,招揽各诸侯国的宾客以及犯罪逃亡的人,把他们收作门客,供吃喝用度。据说他有门客三千。这些门客有的人是来混饭吃,有的人却是有真本事,给了孟尝君很多帮助。

鸡鸣狗盗

　　秦国的昭襄王听说齐国最有势力的大臣就是孟尝君,就想把他招到咸阳,请他做秦国的丞相。

　　孟尝君带了一大群门客到咸阳去,受到秦昭襄王的亲自欢迎。孟尝君献了一件纯白色的狐狸皮袍子给秦王做见面礼,秦王很高兴地接受了。

过了两天，有人跟秦王说："您怎么能让孟尝君来做秦国的丞相呢？他可是齐国人，将来遇到事情了，肯定是先为齐国做打算啊！"

秦王一想也对，可是他又不想把孟尝君放回齐国去，就把他关了起来。孟尝君千里而来，却没想到是这么个情况，很着急，就托人向秦王身边一个宠妃求救。宠妃要求用一件白色狐狸皮的袍子作为交换。

这可把孟尝君给难住了，这白狐狸皮袍子就一件，已经被秦王收到内库里去了。这时，他的一个门客对他说："主公，平日里多受您的照顾，我虽没什么大本事，却擅长偷东西，让我去帮你把这袍子偷回来吧。"

当天夜里，这个人果然把袍子给偷了回来。随即孟尝君就让人把袍子给秦王的宠妃送过去了，宠妃也没有食言，央求秦王放了孟尝君，秦王答应了。

孟尝君立刻带着人往齐国跑。到了函谷关，还没到鸡鸣开门的时候，孟尝君急得不行，就怕秦王发现他的行踪被抓回去，这时候另外一个门客对他说："小人没什么本事，就会学两声鸡叫。"

于是他学了两声鸡叫，所有的鸡都跟着叫了起来。守关的人以为开门的时辰到了，就把大门打开，孟尝君成功地从秦国逃出，回了齐国。

春秋战国

门客冯谖

孟尝君觉得多亏了那两个门客，自己才能回到齐国，于是更大规模招收门客。当然，上中下等门客的待遇是不一样的。

这天，有一个叫作冯谖①的老头子，家里穷得揭不开锅了，就投到孟尝君门下做食客。管事的来问孟尝君这个老头子算几等门客。孟尝君问道："他有什么本事吗？"

"没听说，也看不出来。"

"那就算下等门客吧！"

过了两天，冯谖靠在柱子上敲打着自己的长剑，唱道："长剑呀，我们回去吧，这里吃饭没有鱼！"

原来是嫌下等门客的饭菜不好，孟尝君觉得这人挺有意思，就让管事给他改成了中等门客的待遇。

又过了几天，冯谖又开始唱歌了，"长剑呀，我们回去吧，这里出门没有马车呀！"

孟尝君也不生气，给他配了马车，改成了上等门客的待遇。

又过了几天，冯谖又唱歌了，"长剑呀，咱们回去吧，这里没法养家啊！"

原来这冯谖家里还有一个老母亲，孟尝君就让人给他家里送去

---

①谖：xuān。

了生活用品。这样一来,冯谖总算是不唱歌了。

"购买"情义

孟尝君虽然出身贵族,又有封地,但是要维持这三千门客的日常开销,经济压力还是很大的。所以他对外放债收利息,用来贴补家里的费用。

有一次,他让冯谖去薛城帮忙收债。冯谖走的时候,问孟尝君:"我回来的时候,主公可需要我买些什么回来?"

孟尝君一时间也想不出要买什么,就说:"你看着办吧,看家里缺什么就买什么!"

冯谖点点头,告辞去了薛城。到了薛城,他把所有欠孟尝君债务的老百姓都找来,让他们拿出欠条来核对。老百姓们正发愁怎么才能还清孟尝君的钱,冯谖突然宣布了一个惊人的决定:所有欠孟尝君的债都不用还了。他还当场把老百姓的欠条烧掉了,老百姓一片欢呼。

冯谖回到临淄,孟尝君问他收的钱在哪里,他就把事情原原本本地说了一遍。

孟尝君很生气,"你为什么要擅自做这样的决定?你把欠条都烧了,我的钱都收不回来了,家里这么多人吃什么喝什么?"

冯谖倒不慌张,不紧不慢地说道:"我临走的时候您说家里缺什么就让我买什么,我看家里什么都不缺,就是少了老百姓的情义,所以我帮你把'情义'买回来了。"

孟尝君无语了,只好挥挥手,"算了吧!"

后来,孟尝君的名声越来越大,连齐湣①王都惊动了。有人在他面前说孟尝君之所以养那么多门客,是为了将来夺取他的王位,自立为王。齐湣王信了这些话,就把孟尝君革了职。孟尝君没办法,只好回自己的封地去了。

冯谖没有像其他的门客散去,而是帮着孟尝君驾车,送他回薛国。离薛国还有一百里地的时候,孟尝君就看见薛国的百姓扶老携幼地来迎接他。

孟尝君原本因为革职很失落的心情一下子变得温暖,他对冯谖说道:"先生,您为我买的'情义'我看见了!"

---

①湣:mǐn。

❀ **相关链接：**

难倒父亲的孟尝君

孟尝君的本名叫田文，他的父亲是齐国的靖郭君田婴。田文出生前，他父亲已经有四十多个儿子了。田文是五月五日出生的，田婴认为这个日子出生的孩子不吉利，就让田文的母亲把孩子扔掉，不要养活他。但是田文的母亲舍不得，偷偷地把田文养大了。

田婴看到长大的田文，十分生气，质问他的母亲："我让你不要养活这个孩子，你为什么不听？"

田文向他父亲行了一个礼，问道："请问您不让养活五月五日出生的孩子是为什么？"

"因为五月五日出生的孩子长大了身子会和门户一样高，不利于父母。"

"人的命运难道是门户决定的吗？如果是这样，那你把门户加高不就行了吗？难道你加多高我就能长多高吗？"

田婴无言以对，只好接受了这个孩子。

爱打比方的美男子丞相

面对一个爱听好话的国君,要如何有技巧地指出他的过错,还能保全自己,不被惩罚?这个问题由战国期间齐国的国相邹忌来回答最有说服力了。他的讽谏方式充分证明了他是一个美貌与智慧兼备的政治家。

谈琴封相

公元前 356 年,齐桓公死后,齐威王即位。齐威王这个人,是个地道的公子哥儿,只顾吃喝玩乐,不理朝政。他最喜欢做的事情就是弹琴,没事就一个人在后宫抚琴,自娱自乐。就这样过了九年,朝廷官员逐渐腐化,齐国国力日渐衰败,周边的国家也不断攻打齐国,从齐国划走了许多城池。

齐国已经到了十分危险的时候,但是身为国君的齐威王却毫无

春秋战国

察觉,依旧每日钻研自己的琴艺,过得无忧无虑。

有一天,他正在后宫弹琴,经过这些年的苦练,他觉得自己的琴艺已经登峰造极①,正自己给自己喝彩呢,突然听见有人推门进来说道:"弹得好!真是好琴艺啊!"

若是一般人见有人夸自己,可能觉得挺好,可是齐威王是国君啊,莫名其妙进来一个人,还敢评判他的琴艺,简直是找死。

"你是谁?竟如此无礼!"

这个人就是邹忌②。邹忌向齐威王行礼,"我叫邹忌,对弹琴也很有兴趣,听说大王弹琴十分了得,所以特地来聆听。"

齐威王一听,这是慕名而来啊,心里一下就高兴起来了,连忙让他坐下,"你觉得我弹得怎么样?"

邹忌就把齐威王刚才弹的曲子仔细地品评了一番,他原本也擅长弹琴,自然说得头头是道,齐威王连连点头,"你果然懂琴啊!"

邹忌又说道:"其实弹琴和治理国家是一样的道理。"

齐威王一听,怎么弹琴说得好好的,又扯到治理国家了?

邹忌见齐威王有点不高兴了,连忙说道:"请您听我说完,看是否有道理。"

"那你说吧,若是说得不对,我可要治你的罪!"

---

①登峰造极:登上峰顶,到达最高处,比喻水平达到最高点。
②邹忌:zōu jì。

"我认为,弹琴和治理国家一样,必须专心致志。七根琴弦,好似君臣之道,大弦音似春风浩荡,是国君;小弦音如山涧溪水,是群臣;应弹哪根弦就认真地去弹,不应该弹的弦就不要弹,这如同国家政令一样,七弦配合协调,才能弹奏出美妙的乐曲,这正如君臣各尽其责,才能国富民强、政通人和。弹琴和治国的道理是一样的!"

齐威王一听,有道理呀,"看来先生真的懂琴,那就请你也弹一首吧!"

邹忌来到琴桌前,双手抬起,就像弹琴一样在琴弦上空拨动,但是手指并没有碰到一根琴弦。

齐威王怒了,"你要是不会弹就不要装,你想让我治你的欺君之罪吗?"

邹忌并没有害怕,他很镇定地说道:"若是我以弹琴为生,自然要去研究如何弹得更好。就像大王您的责任是治理国家,却把朝政丢在一边,跑来这里研究琴艺,那和我摆空架子装弹琴有什么差别?"

齐威王这才明白邹忌是想提醒自己要专心自己的主业,那就是治理国家,让百姓安居乐业。他觉得邹忌说得很有道理,决定改过自新,还把邹忌提拔为国相,让他好好协助自己。

春秋战国

讽谏齐王

齐威王不再弹琴,开始专心治理国家。在他的努力治理下,齐国有了很大的改善,但是齐威王有个毛病,就是不爱听人家说他的过失。当然,是个人都不爱听这个,但是身为国君,是很需要别人帮忙指出不足之处的,否则就会对国家、对百姓有不利的影响。

邹忌一直在想如何改掉齐威王这个毛病,但是他始终不知道如何开口。直到有一天,他上朝之前发生了一件事情。

邹忌是一个十分高大俊俏的美男子,这天,他上朝之前,正在镜子前很仔细地整理自己的仪容。他觉得自己很帅,就回头问妻子,"我和城北的徐公比起来,谁更好看一些?"这徐公也是城里的美男子,一向被人用来和邹忌相比较。

妻子不假思索地说:"当然是你好看啊!"

邹忌不放心,又去问他的小妾,小妾很恭敬地说道:"当然是您好看。"

邹忌还是不确定,又去问来拜访他的客人,他的客人也说道:"自然是您好看一些。"

没过两天,他碰到徐公,左看右看他都觉得徐公比自己好看,于是他突然想明白了一个道理,连忙跑到宫里求见齐威王。

"大王,我今天突然想明白了一件事情。"

齐威王见他那么兴奋,也很感兴趣,"什么事?"

邹忌就把这两天发生的事情说了一遍,然后总结道:"我的妻子说我好看,是因为爱我;我的小妾说我好看,是因为怕我;我的客人说我好看,是因为有求于我。所以他们都说我比徐公好看。"

"同样的道理,您是齐国的大王,如此广大的领土,如此多的城池,这么多妃子、大臣,他们有的偏爱您,有的害怕您,有的有求于您,那自然就会说很多好话给您听。现在想来,你不知道受了多少蒙蔽呢!"

齐威王一听,有道理,既然大家都愿意说我的好话,那我就赏赐那些说我坏话的。于是,他下了一道命令,谁敢当面指出他的过错,得上等赏赐;敢用书面劝谏,得中等赏赐;敢在公共场所批评我,传到我的耳朵里,得下等赏赐。

一时间,齐国人都疯狂了。每天都有人当面来指责齐威王;写给齐威王的劝谏书堆得比山高;公共场所到处都是说齐威王不对的人。齐威王都一一给了赏赐。几个月后,还不时地有人偶尔来进谏;一年以后,即使有人想进谏,也没什么可说的了。

燕、赵、韩、魏等国听说了这件事,都派人到齐国来朝见齐王,还把之前从齐国夺走的土地还给了齐国。

相关链接：

齐威王煮阿城大夫

齐国有两个大夫，一个管理阿城，一个管理即墨。齐王身边的人都说阿城大夫管理得好，即墨大夫管理得差，民不聊生。齐威王本来打算惩罚即墨大夫，后来他一想，也不能光是听人家说什么就是什么，于是他跑去实地考察了一番。

然而他发现事实不是他们说的那样，他很生气，回去之后就叫人把阿城大夫抓来，当着所有人的面煮了，同时大大赏赐了即墨大夫。他说："你们这些人都得了阿城大夫的好处，所以才在我面前说他的好话。即墨大夫才是真正管理得好的人，差点被你们这些人给骗了。以后谁再敢欺上瞒下，阿谀奉承，下场就和他一样！"

从那以后，齐国人再也不敢乱说话了，个个都老老实实地做好自己的工作。

春秋战国

"毒丈夫"吴起

俗话说无毒不丈夫，意思就是作为大丈夫、大男人，就该狠得下心才能做成大事。这种思想对错姑且不论，战国时期就真有这么一个狠毒的"丈夫"，为前途杀掉妻子，但是他在政治、军事上的成就又让人不得不肯定。这个人就是吴起。

"狠人"吴起

吴起是卫国人，但是他一生都没有在卫国做过官。他通晓兵家、法家、儒家三家思想，在内政、军事上都有极高的成就。

少年时，吴起家有千金资产。但是，他不是一个安于享乐的人，他利用家里的钱四处谋求功名，一直都没能如愿。乡亲们都在背地里笑话他，他一怒之下，杀了三十多个讥笑过他的人，逃离了故乡。

走之前，他对母亲说："我若是当不上国相，绝对不会再回到卫国来!"

他到了鲁国,正碰上齐国攻打鲁国,鲁国国君听说吴起是一个很会领兵打仗的人,就打算任命他为将军。

但是有人却对鲁国国君说:"这吴起虽然能干,但是他的妻子是个齐国人。现在鲁国和齐国如同水火,您让他当将军,万一他背叛鲁国,帮着齐国怎么办?那您不是引狼入室①吗?"

鲁国国君听了这话,心里也有些犯嘀咕,就把任用吴起的事缓了下来。

吴起听说了这件事情,回到家就把自己的妻子给杀了,把头颅割下来送到鲁国国君面前。鲁国国君看着眼前鲜血淋漓的头颅,大惊失色。

"大王,我现在把妻子杀了,您不会再怀疑我会背叛鲁国了吧?"吴起跪下说道。

鲁国国君任用了吴起当大将军,让他带领军队和齐国作战。吴起在打仗方面果然有一套,他一出手就把齐国打败,为鲁国立下了汗马功劳。

但是,吴起为了求得前途把自己的妻子杀了,这件事在鲁国人心里留下了阴影,大家都觉得这人实在太残忍了,实在是不应该得到重用。鲁国国君也觉得吴起太狠了,就免除了他的将军之职。

吴起见鲁国不待见自己,就离开鲁国去了魏国。

---

①引狼入室:比喻把敌人或坏人引入内部。

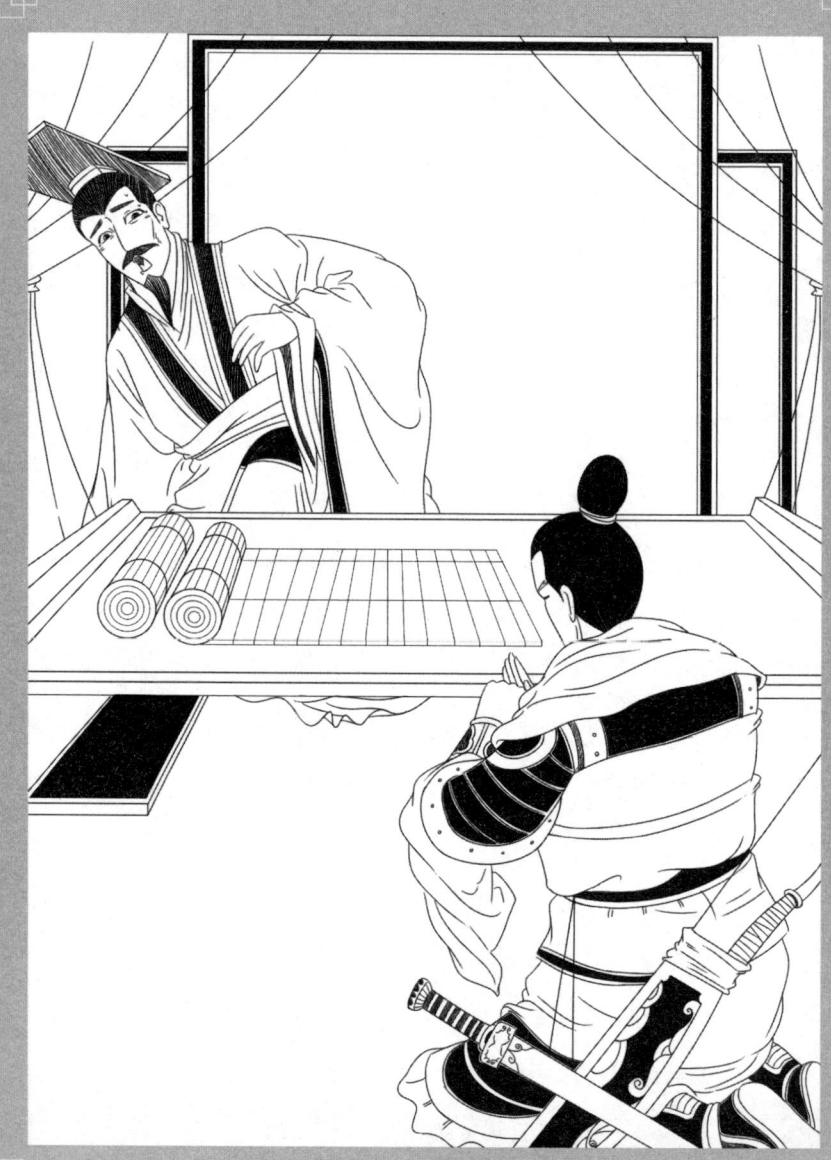

助魏败秦

公元前409年,魏文侯任命吴起为主将,攻打秦国的河西地区。吴起率领魏国军队很顺利就攻下了河西地区的临晋、元里,并修建了城墙,把它们变作魏国的领土。

第二年,吴起再次率军攻打秦国,一直打到郑县。秦国节节败退,最后只能退守洛水,沿河修建了防守工事。这样,魏国就把原属于秦国的河西地区全部占领,并在这里设立了河西郡,吴起便是第一任郡守[①]。

吴起在带兵方面的确是一把好手,和秦国作战期间,他和士兵同吃同住,同甘共苦,从不搞特殊化,得到了士兵们的认可和追随。

有一次,一个士兵的伤口化脓,吴起竟然亲自用嘴帮他把伤口里的脓血吸出来。这个士兵的母亲听说这件事后,当场大哭起来。

大家都觉得很奇怪,就问她:"你这人真奇怪,你的儿子不过是一个下等士兵,人家吴起将军亲自为他吸脓血,你不应该觉得很荣幸吗?干什么要哭呢?"

这位母亲回答道:"以前,孩子的父亲跟着吴将军打仗,吴将军也帮他吸过脓血。孩子父亲为了报答将军的恩德,在战场上拼命杀敌,从不后退,最后战死了。今天,吴将军又为我儿子吸脓血,我的儿子肯定又要和他父亲一样,死在战场上了!你说我丈夫死了,

---

①郡守:一个郡的最高行政长官。

儿子也保不住,那我孤身一人,将来靠谁呢?我怎么能不哭?"

正是因为吴起这种体恤士兵的行为,让他在士兵心中有很高的威信,所以他的军队作战能力很强,常打胜仗。

楚国变法

魏武侯继位后,吴起被魏国的国相公叔痤①排挤,离开了魏国,来到楚国。公元前382年,楚悼王任用吴起进行变法。

吴起上任后,大刀阔斧,对楚国的旧制度进行改革。他要求国家制定的法律必须公开宣布,对官府命令要严加审查,以便新法能够顺利实施。

对于那些受封超过三代的贵族收回爵禄,他还把一些旧贵族迁到荒凉的地方去。

同时,减少俸禄开支,把钱用在军队的训练上。纠正楚国官场损公肥私、谗害忠良的不良风气,使楚国群臣不顾个人荣辱一心为国家效力。

经过吴起变法后的楚国国力强大,向南攻打百越,将楚国疆域扩展到洞庭湖、苍梧郡一带。但他的变法招致了楚国贵族的怨恨,也为自己埋下了杀身之祸。楚悼王刚死,吴起就被乱箭射死。

---

①痤:cuó。

● 相关链接：

吴起之死

公元前381年，楚悼王去世了，他的死对于吴起来说，代表着噩梦的开始。没有了最高统治者的支持，之前因为变法侵犯了旧势力的利益，被所有的旧贵族恨之入骨，吴起成了大家攻击的目标。

贵族们用箭射伤吴起，吴起知道自己今天死定了，但是他不甘心就这样白白死去。于是他带伤坚持跑到楚悼王停尸的地方，然后把自己身上的箭拔下来，插进楚悼王的尸体里，大喊道："群臣叛乱，把大王杀了！"

贵族们忙着追杀吴起，根本没办法控制箭的走向，最后吴起被杀了，楚悼王身上也插满了箭，像一只刺猬。

按照楚国的法律来说，伤害国君身体是重罪，要被诛灭三族。楚肃王即位后，就把那些射中楚悼王尸体的人，包括他们的族人，一起处死。吴起的尸体也被车裂肢解。

吴起的死亡，意味着楚国的变法失败。

春秋战国

荆轲刺秦王

秦王嬴政上台后，一心想要统一中原，成为千古一帝。但是，面对这样强大的人，也有人敢于以性命相拼，用最直接的方式——刺杀，来表达他们对秦王嬴政的愤怒。这就是荆轲刺秦王的故事起源。

刺秦计划

战国后期，为了抵抗秦国，燕国和赵国成了同盟，但是由于秦王嬴政的攻势太猛，秦国的军事实力又太强，燕赵之间的联盟很快就破灭了，燕国丢了好几座城。

这个时候，燕国的太子丹已经看到了秦国灭燕的未来。他本来是在秦国做人质的，但是看到秦王吞并六国的雄心和决心，就偷偷跑回了燕国，想通过自己的努力阻止燕国成为秦国的口中之食。

但是他没有像一般人那样操练兵马，找其他诸侯联盟共同抗秦，而是选择了一个个人英雄主义的方法，那就是找刺客想直接把秦王政给杀了。

他把自己的家产拿出来，四处寻找能够刺杀秦王的人。这时候豪侠田光给他推荐了荆轲，说这个人剑术很高，一定能帮助他刺杀秦王。燕太子丹很高兴，就把荆轲请到了自己家里，把他收在门下，奉为上宾。他把自己的车马给荆轲享用，和荆轲吃同样的饭食，穿同等的衣服。荆轲原本不过是一个四处流浪的剑客，能够得到燕国太子如此对待，心里充满了感激。

公元前228年，赵国首都邯郸被秦国占领，秦军挥兵北上，剑指燕国。燕国太子十分着急，对荆轲说道："先生，秦国已经逼近燕国了，要是靠燕国的兵力去抗击，输定了。若是去找其他国家联合起来抗秦也不好办。我想，能不能请一个勇士去见秦王，逼他归还燕国的土地，否则就把他杀了。你看行吗？"

荆轲点点头，知道太子丹这是希望自己去，"这个办法不是不可行。不过秦王疑心重，要接近他身边，必须要带两样东西。"

"什么东西？"

"督亢的地图。这里是燕国最肥沃的土地，一直都是秦国想要得到的地方。"

"这个好办！第二样东西呢？"

"樊於期的脑袋。"

太子丹连连摇头,"这可不行,这可不行。樊将军从秦国逃亡出来投奔我,本来就是对我的信任,才把性命交付于我。我怎么忍心杀害他呢?"

荆轲见太子丹不愿意杀掉樊於期,就自己去找他,说了刺秦的计划。

樊於期本是秦国的将军,因为兵败,畏罪潜逃,家族亲人被秦王杀了个精光,所以心里对秦王恨之入骨。现在一听荆轲要去刺杀秦王,自然是一百个乐意帮忙。

他拔出宝剑说:"我死后,请割下我的头颅助您刺秦!"说完,一抹脖子死了。

有了地图和头颅,荆轲就可以出发了。走之前。太子丹给了他一把沾满毒药的匕首,这药毒性强烈,见血必死。又给荆轲配了一个十三岁的勇士秦舞阳。

荆轲带着秦舞阳,站在易水边上,对着来送别的太子丹唱道:"风萧萧兮易水寒,壮士一去兮不复还。"

大家都被他壮烈的情怀所感动,留下了惜别的泪水。

 春秋战国

图穷匕见

荆轲和秦舞阳到了咸阳,秦王嬴政听说燕国派使者来送樊於期的脑袋和督亢的地图,这两样都是他十分想要的,所以特别高兴,吩咐人安排在咸阳宫接待燕国使者。

荆轲手捧着装着樊於期脑袋的木盒,秦舞阳则捧着督亢的地图,两人在文武百官的注视下一步一步地走上秦国朝堂的台阶。

秦舞阳虽然是个十三岁就敢杀人的少年,但是毕竟只是在市井之中耍横而已,这会儿到了庄严威武的秦国朝堂,再看看两旁的文武百官,心就怦怦怦地跳起来,呼吸也有点急促。

荆轲感觉出他的害怕,就给他使了一个眼神,嘴里悄声说道:"镇定点,别怕!"

秦舞阳点点头,深吸了一口气,继续跟着荆轲往上走。

等到了秦王政的跟前,抬头看着高高坐在王座上,身材高大,雍①容威严的秦王,秦舞阳忍不住脸色发白,身体也微微有些发抖。

旁边的侍卫见他的样子很奇怪,就吆喝了一声:"使者为什么害怕?"

荆轲连忙解释:"这人出身粗野,没见过大王的威严,所以害怕,还请大王原谅!"

---

①雍:yōng。

秦王点点头，"那就让他把地图交给你，你一起呈上来吧！"

荆轲接过秦舞阳手中的地图，连同樊於期的脑袋一起送到了秦王面前。

秦王先看了一眼樊於期的脑袋，点了点头，又让荆轲把地图打开。

荆轲慢慢地把地图打开，秦王很期待地看着地图，突然，在卷轴的最后出现了一把匕首，说时迟那时快，荆轲拿起匕首，抓住秦王就要刺过去。

可惜那时候的衣袖实在宽大，荆轲这一把只抓住了秦王的袖子，秦王惊得跳起来，扯断了袖子，逃下王座。

荆轲举着匕首追着他，秦王在朝堂的大柱子间东躲西藏，文武百官都被吓呆了，根本没法移动，也忘记呼喊外面的武士进来救人。

这时候，一个专门伺候秦王的医生惊醒过来，把手里的药包向着荆轲扔过去。

荆轲伸手挥开药包，秦王趁着这个空当，拔出自己拔了几次都没拔出的佩剑，一剑砍断了荆轲的脚，又冲上去砍了他七八剑。

荆轲临死前笑着说道："总算是报答了太子丹的知遇之恩[①]！"

一场预谋充分的刺秦计划就这样失败了，那个胆怯露馅的秦舞阳也被乱刀砍死在朝堂之上。

---

①知遇之恩：指得到赏识或重用。

● 相关链接：

刺秦匕首的故事

荆轲用来刺杀秦王的匕首可不是普通的兵器，而是大有来历。

燕太子丹为了给荆轲配一把足够锋利的利器，四处寻求好匕首。他找遍了所有的铸剑名师，最后在徐夫人那里，花百金购买了一把削铁如泥的匕首，然后在匕首上淬上见血封喉的毒药，希望一举杀掉秦王，解决燕国的困境。

这徐夫人是谁呢？他不是一位夫人，而是一个男人。他是燕朝有名的铸剑师，姓徐，名夫人。荆轲刺秦失败后，秦国还特地派人研究了这把匕首，发现它确实很锋利。他们还特地找来一个人来做试验，发现只是割破了一点皮，人立刻就中毒而亡了。秦王嬴政对于自己躲过这一劫，觉得实在是太幸运了。

兼任六国国相的说客

"学成文武艺，货与帝王家"，这句话说的就是古代读书人的最大目标，将自己平生所学展现在君王面前，求得一个好前程。这个"货"可以理解为贩卖，那么，读书人其实就是在和帝王做一笔生意。古往今来，这笔生意做得最大的莫过于战国时期的苏秦了，他一个人就当了六个国家的国相，实在是风光至极。

合纵策略

苏秦是战国时期著名的纵横家①、外交家和谋略家。不过这些"家"都是后人评价的，未发迹之前的苏秦可是父老乡亲眼中不务正业的典型人物。

---

①纵横家：指在政治、外交上通过游说手段进行联合的人。

春秋战国

苏秦家里是农民,他从小就拜鬼谷子为师,和张仪还是同学。学成后外出游历多年,也没找到一份好前程,穷困潦倒,回到家乡。家里人都笑他整天就知道耍嘴皮子说话,不踏踏实实干活。苏秦十分惭愧,发誓一定要用平生所学改变这些人的看法。

他纵观天下形势,分析了七个国家的强弱对比,最后琢磨出合纵思想,决定去说服六国,一起抗击秦国。

"合纵"的意思就是会合众多弱小的国家一起攻击一个强大的国家,这个强大的国家在当时来说,无疑就是秦国了。

战国中期,秦国厉行变法,锐意改革,兼并巴蜀,国强地险;而六国彼此消耗,七雄之间不再旗鼓相当,相互制衡。秦国也想打败其他六国,一统天下,这样就给其他六个国家带来了灭国的危机。但是,就算强秦来临,这六个国家之间还在互相争斗,消耗国力。

当时的局势是以崤山为界,西边为秦国的领土,其他六国均在东边,所以又被称为"山东六国"。这个山东就不是今天的山东了。苏秦提出的合纵策略就是通过六国联盟遏制①秦国,来维持以崤函、河西为界线的东西两个战略区域的力量均衡。

有了合纵策略,苏秦觉得自己可以出门,将平生所学"货与帝王家"了。

---

①遏制:制止,控制。

游说六国

苏秦的第一站是燕国。

没有一点名气的苏秦在燕国等了一年多才见到燕文侯,但是和燕文侯谈了自己的合纵策略后,燕文侯立刻后悔了自己没有早点接见这个年轻人。

"苏先生,您说得对,我燕国旁边就是赵国,两国关系十分紧张,我不去想着如何改善这种关系,反而去操心千里之外的秦国会对我们怎么样,实在是太愚蠢了。我想请您做燕国的使者,去赵国说服赵国国君,同意燕赵两国合纵抗秦。"

苏秦当然同意了,有了燕文侯的支持,要去下一站就容易多了。于是,他又来到了赵国。

赵国和秦国可是国土相邻的,所以一直都是秦国想要消灭的对象。苏秦对赵肃侯说道:"赵国、韩国、魏国原本就出自晋国一家,国土又相邻,为什么不联合起来共同对抗秦国呢?而且以赵国的实力,完全可以成为六国联盟的号召者,您可以组建六国联盟合力抗秦,难道秦国还敢出函谷关吗?您的霸业岂不是指日可待?"

赵肃侯觉得他说得对,就资助他去说服其他诸侯国加盟合纵联盟。

苏秦又来到了韩国。韩国这会儿在位的是韩宣王。韩国与秦国

相邻，地势坚固，军队几十万，兵器先进，苏秦对韩王说的话里最重要的一句就是："大王如此英明，韩国军队如此强悍，您却愿意跟随秦国当一个小尾巴，真是让人感到羞耻啊！"

韩宣王一听，脸色都变了，"我绝不做秦国的尾巴，既然赵王愿意组建联盟，我愿意参与！"

说服了韩国，苏秦就到魏国去说服魏襄王。

魏国地方虽小，但田舍密集、人口众多、车马奔驰，国势与楚国不相上下。但是魏国每年要向秦国缴纳贡品，在其他五国看来，其实魏国和秦国是一体的。苏秦就问魏王："如果秦国有一天翻脸了，来攻打魏国，您觉得谁会来救您呢？"

最后，魏王也同意加入合纵联盟。

齐国对于苏秦来说可以算是一块硬骨头了。因为齐国和秦国之间还隔着赵、魏、韩三国，虽然齐国实力雄厚，但是也不想和秦国对抗，所以采取的是顺秦政策。

苏秦很不客气地说道："齐国人多兵多钱多，地势又险要，根本不需要惧怕秦国。倒是韩国和魏国，因为和秦国挨着，若是秦国要攻打这两个国家，十天就拿下来了，那之后可就打到您的面前啦！难道您到时候再和地域辽阔的秦国对抗吗？为什么不趁现在，加入合纵，和其他五国一起把秦国挡在崤山以西呢？"

就这样，齐宣王也被说服了，成为合纵联盟的一员。

最后一个需要说服的是楚威王。楚国和秦国一直都是老对头，也有称霸的资本。

苏秦对楚威王说道："楚国是秦国最大的忧患，您若是自动去向秦国表示顺从，可算是如了秦国的意。楚强则秦弱，秦强则楚弱，秦楚不能并存。若是参加合纵联盟，有了其他五国的支持，您想要称王，根本就不是什么难事！"

苏秦的这句话可算是说到楚威王心里去了，于是，楚国也被苏秦拿下。

六国封相

苏秦游说完各个诸侯后，六国达成合纵联盟，团结一致。苏秦被任命为从约长①，并且担任了六国的国相，同时佩带六国相印。

合纵成功后，苏秦自楚北上，途经洛阳。车马行李、各诸侯送行的使者很多，连周显王都派人来犒劳。原本看不起苏秦的家人都跪在地上，不敢仰视他。

苏秦感慨道："同样的一个人，富贵了，亲戚敬畏；贫贱时，亲戚轻视，更不必说一般人了。"于是散发千金，赏赐给亲戚和朋友。

---

①从约长：从，zòng。从约长，合纵联盟的联盟长。

相关链接：

刺股读书

苏秦在未发迹之前，家人都看不起他，妻子看见他，连织布机都不下，嫂子也不给他做饭，父母连话都不跟他说。苏秦觉得十分羞愧，就关起门来认真读书。有时候实在太累、太苦，就拿锥子扎自己的大腿，利用疼痛赶走困意。腿上的血都流到了脚上，可见他有多么刻苦。

这就是"头悬梁、锥刺股"中锥刺股的故事。

春秋战国

胡服骑射赵武灵王

战国时期,诸侯为了强大自身,都纷纷进行改革,其中,在军事方面改革力度最大的就是赵武灵王。他一改汉族传统观念,学习塞外少数民族,对传统的兵制、兵服进行改革,在历史上留下了深远的影响。

中山国的启示

公元前325年,15岁的赵武灵王登基。赵武灵王年纪虽小,但是有理想有气魄,在他还是太子的时候,就在托孤[①]大臣肥义的协助下,以不惜同归于尽的气势,和表面上是来吊唁[②]死去的赵肃侯,实际上是想要趁赵国君位空悬的时候灭掉赵国的魏、楚、秦、燕、齐

---

①托孤:临终前把留下的孤儿托付给别人(多指君主将遗孤托付给大臣)。
②唁:yàn。祭奠死者并慰问其家属。

五国进行了殊死的斗争,最终保住了赵国。

经过这场斗争,赵武灵王登基后,就一心想要改变赵国的现状,复兴赵国。

公元前307年,赵武灵王率军进攻中山,却被中山国打得节节败退,还丢了几个重要的城池。最让赵武灵王想不通的是,他和中山国打仗的时候,燕国也来凑热闹,从另外一个方向攻打中山国,依然被中山国打退了。

中山国位于赵国和燕国的中间,是一个小国,居然能同时抗击两个大国的攻击,这实在是太不可思议了。赵武灵王不由得去思考这背后的原因。

经过仔细分析,他发现了问题所在。赵军在战场上表现得十分笨拙,战车不灵活,在山地更是寸步难行。而士兵,都穿着长袍大袖加上厚厚的盔甲,想动一下都累得很,又哪里是那些骑着战马、穿着轻便、行动自如的中山士兵的对手。对方一冲过来,赵国士兵就只有丢盔弃甲逃跑的份儿。

于是,赵武灵王做了一个决定,他要改变赵国的兵制、兵服。他找到大臣楼缓商量此事:"我们现在四面都是敌人,往中原扩张是不可能的,那里大国太多,我们的实力根本不够,所以只能往北边的胡地去想办法。不过,以我们目前的状况是不可能的,我们和胡兵比起来实在太不灵活了,根本不是对手。所以我打算让全体将

士改穿胡服,学习骑射。你看如何?"

楼缓点头道:"大王英明!穿胡服,学骑射,的确能改变我们的劣势!我们一定可以扭转局势,打败胡人。"

胡服骑射

赵武灵王想要通过穿胡服、学骑射来改变赵国的军事状态,这种想法是美好的,但是现实却很残酷,因为命令一出,迎面而来的是各种反对意见。

"我们怎么能穿胡服呢?那可是那些山林里的野蛮人穿的衣服,太失身份了!"

"就是,中土礼仪之邦,怎么能自降身价去向那些胡人学习呢?"

赵武灵王不管大家的议论,率先穿起了胡服。大家见国君都穿上了胡服,就不好多说什么,但还是不愿意穿胡服。

赵武灵王有一个叔叔叫公子成,是一个很有影响但是思想保守的老臣。他一直都反对赵武灵王胡服骑射的想法,见赵王坚持要穿胡服,就干脆不去上朝,以此表示抗议。

赵武灵王亲自去找公子成谈话。

"您是我朝的老臣,朝内朝外都很有声望,请您支持我的决定!"

公子成施礼道:"请大王原谅,老臣不敢支持。我们中原地区

一直都是圣人教化之地,行的礼乐法度是胡人们十分向往的。现在,我们不坚持这样好的传统,反而去向那些野蛮的胡人学习,这不是倒退吗?老百姓也不会支持,请您三思!"

"穿胡服,学骑射正是我三思的结果。我们和中山国的战斗您也看到了,区区中山国就能把我们打得节节败退,我们的老百姓落在他们手里就得受尽屈辱。我作为赵国的君王,实在是不想看到这样的局面。胡服骑射并不代表就丢掉了祖宗的礼乐法度,只是学习他们比较好的部分,为我们自己所用而已。"

中山国之战给了公子成巨大的震动,所以赵武灵王的话说服了他。他第二天就穿着赵王赐给他的胡服上朝了。公子成都接受了胡服骑射的政令,其他人也就没什么好反对的。于是,赵国人不分贵贱,都穿起胡服来。再过一段时间,大家都发现胡服的确比以前的衣服方便很多,也对赵武灵王的决定心悦诚服①了。

赵武灵王用胡服骑射的政策建立了一支人数众多、训练有素的骑兵队,然后他率领这支骑兵队,袭击中山国,攻破林胡和楼烦,把赵国的疆土扩展到了北胡之地。

赵武灵王的胡服骑射,改变了中原各国的军事作战方式,从此战车这种作战方式退出了历史舞台,被骑兵所取代。赵国也逐渐变得更强,成为六国中唯一能与秦国抗衡的大国。

---

①心悦诚服:诚心诚意地佩服或服从。

◈ **相关链接：**

被饿死的太上王

赵武灵王提倡胡服骑射，提升了赵国的军事实力，让赵国的国土得以扩张，实力增强。为了能更专心地征战四方，扩张赵国领土，他决定提早把自己的王位传给太子。

赵武灵王一共有两个儿子，一个叫赵章，一个叫赵何。赵何的母亲是赵武灵王的第二个妻子吴娃所生，因为很疼吴娃，所以赵武灵王把原太子废掉，立赵何为太子。他传位给赵何，也就是赵惠文王，而只是给了赵章一块封地，在代地。

赵武灵王把朝政交给了太子赵何，自己被称为太上王。他领着军队四处征战，为赵国夺取了广阔的领土，便有了一统天下的心，就想把王位从儿子手中夺回来。

赵何的王位坐得好好的，自然不愿意还回去。赵章本来应该是太子，却莫名其妙被废，也不甘心，一直意图造反。于是，赵武灵王利用两个儿子之间的矛盾，让他们先争斗，然后自己坐收渔翁之利。

但是由于赵惠文王治理国家有方，得到了很多大臣的支持，赵武灵王重夺王位的计划失败。最后被关在沙丘的宫中活活饿死，成为历史上有名的被饿死的太上王。

春秋战国

完璧归赵

一块璧玉,换取十五座城,原本是一次稳赚不赔的好交易,却让负责交易的人担惊受怕,差点命丧当场,最后这次交易以失败告终。这就是完璧归赵的故事,故事的主角蔺相如有勇有谋,胆色过人,令人敬佩。

请缨送璧

赵惠文王无意中得到了一块璧玉,经过专人鉴定,这是和氏璧,价值连城。赵惠文王很高兴,把这块璧玉视为国宝。这件事很快就传到了秦国,被秦昭襄王知道了。

秦国和赵国一直都在彼此较劲,秦昭襄王想试探一下赵国的实力,就派了一个使者拿着国书去拜见赵惠文王,说秦王愿意让出十五座城池来换取赵惠文王手上的和氏璧,希望赵王能够答应。

这个要求可算是把赵国的人难住了。你要是答应了，万一秦国食言，不给赵国城池，赵国也没实力去和秦国火并，那就等于白白把一块和氏璧送给了秦国。若是直接拒绝了，又怕得罪了秦国，万一秦国攻打赵国，那损失可就大了。赵王和大臣们商量了半天，也拿不定主意该怎么办。

这时候，有人向赵王推荐了蔺①相如，说这个人聪明，有见识，也许有办法解决眼前这个难题。

蔺相如来到赵王面前，"秦国强，赵国弱，不答应是不行的。"

赵王很担心地说道："可是如果把和氏璧送去了，秦国收了璧，不给城池怎么办？"

蔺相如分析道："秦国愿意拿十五座城池来换和氏璧，这个价钱已经给得很高了。若是赵国不答应，说不过去，不占理。若是送过去了，秦国不给城池，那就是秦国食言，错在秦国，咱们宁可让秦国来担这个错。"

赵王还是很担心。

蔺相如主动请缨②，"请大王派我送和氏璧去秦国吧，如果秦国交城，我就把和氏璧留在秦国，如果不交的话，我保证把和氏璧带回来。"

---

①蔺：lìn。
②请缨：指请求杀敌或请求给予任务。

赵王这才放心地把和氏璧交给蔺相如，派他出使秦国。

秦宫斗智

蔺相如带着和氏璧来到了秦国都城咸阳，秦昭襄王在别宫里接见了他。

蔺相如把和氏璧献上去，秦王很高兴，拿着和氏璧翻来覆去地看了又看，一边看还一边感叹："好玉啊！好玉！"

一边说着一边把和氏璧递给身后的美人以及左右侍臣，让大家传看。所有人都表示赞叹，觉得这和氏璧真是一个无价之宝。

蔺相如看着秦国这些人只顾着看和氏璧，根本没有人提城池的事情，心里就有所警觉，但是现在和氏璧在人家手上，怎么办呢？

他皱了皱眉，上前对秦王说道："大王，这和氏璧有一个瑕疵①，请让我指给您看看。"

秦昭襄王信以为真，就把和氏璧递给了他。蔺相如一拿到和氏璧，立刻退到大柱子旁边，高高举起和氏璧，做出要砸璧玉的样子。

秦昭襄王被他吓了一跳，连忙阻止，"先生这是做什么呢？"

"我看大王根本没有诚意和赵国交换，若是秦国打算硬抢，我就让自己的脑袋和这块璧玉一起撞在柱子上！"

---

①瑕疵：xiá cī。微小的缺点。

"别别别！谁说我没有诚意了？快，来人，把地图给我拿来！"

侍臣送上地图，秦昭襄王就把打算划给赵国的十五个城池一一指给蔺相如看。蔺相如身子根本没有离开柱子，他对秦王说道："我们赵王对这件事十分重视，在我出发之前斋戒了五天，还举行了隆重的送璧仪式。大王如果有诚意，也请斋戒五天，然后举行一个隆重的接璧仪式。"

秦王根本不担心蔺相如耍花招，这可是在秦国的地盘上，就答应了蔺相如的要求，派人把蔺相如送到使者客栈去歇息。

完璧归赵

蔺相如一回到客栈，立刻让一个随从打扮成生意人，带着和氏璧偷偷从小道回赵国去了。

过了五天，秦昭襄王派人来请蔺相如带着和氏璧参加仪式，蔺相如镇定自若地走进了秦宫朝堂。

秦王说道："我已经按照你的要求斋戒，又举行了隆重的仪式，你可以把和氏璧拿出来了吧？"

蔺相如笑着说："秦国自秦穆公以来，前后二十几位君主都不是讲信义的人，我怕被欺骗，就让人先把和氏璧送回赵国去了。请大王治我的罪吧！"

秦王气得吹胡子瞪眼睛，"你说我不讲信义，你才是骗人的人！"

"大王请息怒，"蔺相如镇定地说道，"天下人都知道秦国强，赵国弱。从来都是强国欺负弱国，哪有弱国欺负强国的道理？大王如果真的想要和氏璧，不妨先把十五座城池划给赵国，然后打发使者跟我回赵国去取。赵国得到城池后，不敢不交和氏璧给秦国。"

秦昭襄王听蔺相如说得振振有词，不好翻脸，只得说："不过是一块璧，不应该为这件事伤了两家的和气。"

就这样，蔺相如安全地回到了赵国，赵惠文王认为他有勇有谋，是个能干的人才，就把他提拔为上大夫。秦昭襄王通过这件事了解到赵国还有蔺相如这样的人才，知道现在还不是和赵国闹翻的时候，也就不再提交换的事情了。

❀ **相关链接：**

和氏璧的故事

春秋时期，楚国有一个叫卞和的琢玉能手，得到一块璞玉。卞和捧着璞玉去见楚厉王，厉王命玉工查看，玉工说这只不过是一块石头。厉王大怒，以欺君之罪砍下卞和的左脚。

厉王死后，武王即位，卞和再次捧着璞玉去见武王，武王又命玉工查看，玉工仍然说只是一块石头，卞和因此又失去了右脚。

武王死后，文王即位，卞和抱着璞玉在楚山下痛哭了三天三夜，眼泪流干了，接着流出来的是血。文王得知后派人询问为何，卞和说："我并不是哭我被砍去了双脚，而是哭宝玉被当成了石头，忠贞之人被当成了欺君之徒，无罪而受刑辱。"

于是，文王命人剖开这块璞玉，见真是稀世之玉，命名为和氏璧。

战国:群雄逐鹿终归于秦

负荆请罪

荆条向来是用来教训他人的工具,却有人自己背着荆条送上门去请别人打自己。这个人就是廉颇。他作为赵国的堂堂大将军,为什么要这么做呢?他希望打他的那个人又是谁?

渑池交锋

秦昭襄王一心想要赵国屈服于他,就派兵侵占了赵国的一些地方。公元前279年,他请赵惠文王到秦城渑池①会见。

这渑池是秦国的地盘,赵惠文王作为一个主君到别人的地盘去,危险肯定是有的。所以,赵国有的大臣就建议赵惠文王不要去,怕被秦国扣留,到时候赵国就麻烦了。但是朝中有两个人却认为他应

①渑池:渑,miǎn。渑池,地名,位于河南。

春秋战国

该去,否则就是向秦国示弱,将来秦国就更嚣张了,对赵国没有好处。

这两个人就是大将军廉颇和大夫蔺相如。廉颇是战国四大名将之一,勇猛善战,深得赵惠文王的信任。而蔺相如则因和氏璧一事成为赵惠文王眼前的红人。这两人坚持让赵惠文王去渑池和秦昭襄王会面,赵王决定冒一次险。

他带着蔺相如一起去,留下廉颇在国内辅助太子管理朝政,另外又安排了几万兵马在赵国边境驻守,随时准备接应赵王。

一切都准备就绪后,赵王在预定会见的日期赶到渑池,和秦王会面。秦王为此举行了宴会,两个国君喝酒谈天,十分融洽。

秦王带着几分醉意,对赵惠文王说:"本王听说赵王的瑟①弹得很好,能不能请赵王现场弹一曲,以助酒兴呢?"

奏乐助兴是乐工的事,在当时来说是十分低贱的工作,秦王却要求身为一国之君的赵王去弹瑟助兴,这是十分不礼貌的。当然,也可以看出这是秦昭襄王在试探赵王的底线。

赵王不好推辞,就随便弹了一段。

秦国的史官当场就把这事记了下来:"某年某月某日,秦王和赵王在渑池相会,秦王令赵王弹瑟。"

赵王十分生气,却碍于赵国比秦国弱,不敢当面撕破脸。这时候,

---

①瑟:sè。古代弦乐器,像琴。

蔺相如拿了一个缶①来到秦王面前，跪下说道："赵王听说秦王擅长秦国的乐器，这里有一个瓦盆，请大王也敲几下助兴吧。"

秦王气得脸色都变了，转头不理他。

蔺相如眼中闪烁着愤怒的光芒，"大王这样也太过分了。秦国虽然强大，但是我现在离您只有五步之遥，我可以把我的血溅到大王身上去。"

秦王被吓了一跳，见蔺相如态度十分强硬，就勉强用木棒敲了几下缶。

蔺相如立刻回头吩咐史官："记下来！某年某月某日，赵王和秦王在渑池相会。秦王给赵王击缶。"

秦国那边有大臣不满意了，站起来说道："请赵王割十五座城给秦王贺寿！"

蔺相如毫不相让，也站起来说道："请秦王把咸阳让给赵王，给赵王贺寿！"

秦王见场面十分紧张，他早就得知赵国大军在边境驻扎，就笑着说道："今天是本王和赵王相会的日子，大家不要再说了，轻松一点！"

就这样，两国渑池之会总算圆满结束，赵王也平安回到赵国。

---

①缶：fǒu。古代一种瓦制的打击乐器。

春秋战国

负荆请罪

蔺相如两次出使,都让赵国在强大的秦国面前保住了颜面,立了大功,赵惠文王更加信任他,任命他为上卿,地位在廉颇之上。

这可就让廉颇不高兴了,"我廉颇的功劳是一刀一枪用命拼回来的,他蔺相如有什么本事?不过是上嘴唇碰下嘴唇,说几句话就爬到我头上来了?等我见到他,一定要让他好看!"

蔺相如知道这件事后,就装病不上朝。有一次,蔺相如坐车出门,远远地看见廉颇的马车,就命令车夫把马车赶到一个巷子里,等廉颇的马车过去了再出来。

蔺相如身边的门客见他这样,十分气愤,"您有什么好怕的?他廉颇还能把您怎么样吗?"

蔺相如笑着说道:"我问你们一个问题,廉将军和秦王相比,哪一个势力更大?"

"当然是秦王。"

"在秦王面前我都没有怕过半分,我又怎么会害怕廉将军呢?"

"那您为什么要躲着他?"

蔺相如叹了一口气,"赵国国力比秦国弱,秦国又一直都对赵国虎视眈眈①。现在秦王没有对赵国动手,是因为文臣有我蔺相如,

---

①虎视眈眈:形容贪婪而凶狠的注视。

武将有廉颇将军。若是我们俩闹矛盾了,传到秦王耳朵里,那秦王就没什么好担心的了。到时候赵国可就真的要有大麻烦啦!"

这话传到了廉颇耳朵里,他对自己的心胸狭隘十分羞愧。于是,他裸着上身,背着荆条,跑到蔺相如家里来请罪。

"蔺大夫,我是一个粗人,见识少,气量狭窄,不知道您竟然对我如此容忍。我实在是太羞愧了,请您责打我吧!"

蔺相如连忙把他扶起来,"廉将军说哪里话?你我都是赵国的大臣,您能体谅我,我已经十分感谢您了,怎么还担得起您来赔礼道歉呢?"

两人言归于好,成了知心好友,一起用心辅佐赵王,让秦国不敢再侵犯赵国。

● 相关链接：

廉颇老矣，尚能饭否？

赵惠文王死后，廉颇又辅佐了孝成王、悼襄王两个君王。他虽然给赵国立下了汗马功劳，但是到悼襄王的时候已经不受重用了。他很生气，就到魏国居住。后来，赵国和秦国又打仗了，赵王就想让廉颇回赵国领军打仗。但是他担心廉颇已经老了，没有力气打仗了，于是决定先派一个使者去查探一番。

廉颇有一个老对头叫郭开，他不想让廉颇重新回赵国掌权，就悄悄给了使者很多钱，让他想办法不让廉颇出头。使者收了钱之后，来到廉颇的宅子。

廉颇知道这个使者的来意，就当着他的面吃了一斗米的饭和十斤肉，又很利落地披甲上马，表示自己没有老，还能带兵打仗。

使者回去后，对赵王说道："廉将军虽然老了，但是吃饭还可以。只是吃过饭和臣才坐了一会儿，就去拉了三次大便。"赵王一听，廉颇的身体还是不行了，就放弃了重新起用他的想法。

后世就用"廉颇老矣，尚能饭否"来形容一个人是否有能力承担重任。

春秋战国

坑杀四十万人的战争

一场战争坑杀了四十万人,一场战争让一个强国战斗力锐减,一场战争留下了一个成语——纸上谈兵。这就是长平之战,发生在秦国和赵国之间的残酷战争。

反间计

魏国人范雎做了秦国的宰相后,提出"远交近攻"的策略,意思就是对于比较远的敌人先和他交好;对于比较近的敌人就要对他进攻。秦昭襄王根据这个策略,首先攻打魏国,然后转向韩国。

公元前262年,秦国占领了韩国的野王,切断了上党郡和本土的联系。韩国国君在秦国大军的威逼下决定把上党献给秦国,上党郡守冯亭却不愿意,决定把上党十七座城池献给赵国,然后让赵国来和秦国对抗。

赵孝成王在平原君等大臣的支持下，决定接受上党的献地，并派平原君去接收城池。接收城池之后，自然还要考虑到防御的问题。赵孝成王问平原君："接受上党的土地，秦军必定会派白起来进攻，我们能派谁抵御呢？"平原君说："白起强悍，我们唯有勇猛善战的廉颇可以和他对抗了。"

于是，赵孝成王听从了平原君赵胜的计谋，封冯亭为华阳君，派平原君去上党接收土地，同时派廉颇率军驻守长平，以防备秦军来攻。

秦国果然对赵国的做法不满意，决定出兵攻打赵国。秦国派出来的是王龁①，攻打的还是上党。

赵孝成王连忙派廉颇去救援，还没走到，上党就被秦军攻占了。王龁还想进攻长平，廉颇就带着大军守住阵地，让士兵们修筑堡垒，深挖壕沟，做好和秦军长期作战的准备。

王龁几次三番向赵军挑战，廉颇却死守阵地，就是不出兵交战。因为他心里清楚，秦国是远道而来，他们之所以这么着急攻城，就是担心时间长了粮草供应不上。廉颇打的就是消耗秦军的实力，然后伺机攻打秦军的主意。

王龁没办法了，派人回报秦昭襄王，问怎么解决这个问题。

范雎给秦昭襄王出主意，"要想打败赵国，必须把廉颇从长平

---

① 龁：hé。

调走,否则咱们没有胜算。"

"这调动大将可是赵国国君的事,咱们能有什么办法?"

范雎笑了笑,"咱们就用反间计①。"

赵括上任

没过多久,赵国朝廷上下传出一种声音,"秦国就是怕让年轻力强的赵括带兵,廉颇不中用,已经老啦!这么久都不敢出兵,肯定是快要投降了!"

赵孝成王把这话听在耳里,他也在嘀咕,廉颇和秦军对抗了这么久,也没见他出一兵一卒,是不是真的老了,胆子小了?赵括这人年轻力壮,也许更适合和秦军对抗。

这赵括,就是赵国名将赵奢的儿子。赵括小时候爱学兵法,谈起用兵的道理来头头是道②,自以为天下无敌,连他父亲也不放在眼里。

赵王把赵括找来,问他能不能打退秦军。

赵括很傲然地说:"若是他们派白起过来,我还要费点脑子。但现在是王龁带军,也就是廉颇害怕他,当他是个对手,在我看来,

---

①反间计:指用计使敌人内部不团结。

②头头是道:形容说话或做事很有条理。

春秋战国

根本不堪一击。让我去长平的话,肯定能打败他。"

赵王听了很高兴,就拜他为大将,让他去代替廉颇。

蔺相如知道赵王的决定后,劝阻道:"赵括只是一个死读兵书的人,不会临阵应变,怎么能做大将呢?"

赵王觉得蔺相如和廉颇私交甚好,这是在为廉颇说话,就不听他的意见。

赵括的母亲也请求赵王不要派赵括去,因为赵奢生前说过,赵括只会在嘴巴上谈论兵法,用兵打仗在他看来跟儿戏似的。若是将来成为赵国的大将,赵军会断送在他手里。

赵王依然坚持己见,派赵括去长平。

公元前260年,赵括领二十万大军到长平,和廉颇交接了兵权,廉颇回邯郸去了,留下赵括镇守长平。

原本廉颇在长平实行的是坚守阵地的策略,赵括一来就把这些制度给废除了,还说:"秦国再来挑战,我们就迎头打回去。若是对方逃跑,我们就死追到底,杀他们个片甲不留。"

围歼赵军

秦国知道赵括替代廉颇成为长平守将之后,十分高兴,因为他们的反间计成功了。于是,秦王秘密派遣白起作为上将军,去长平指挥秦军战斗。

白起十分了解赵括的性格,知道他是一个目空四海①、盲目自大的人,于是他布置好埋伏,去发起挑战,又故意打了好几场败仗。

赵括打了胜仗,十分得意,"我说得没错吧,只要我出手,秦军就只有节节败退的份儿!"

他指挥赵军乘胜追击,白起让秦军假装逃跑,把赵军引到了埋伏圈内,然后派出两万五千精兵切断赵军退路,另外派五千骑兵,直冲赵军大营。四十万赵军就这样被分成了两部分,相互之间不能救援。

赵括没办法,只好筑起堡垒坚守阵地,等待救兵和粮草。秦昭襄王又另外派兵把赵国的救兵和粮草给截了。

被围困的赵军,内无粮草,外无救兵,坚守了四十多天,士兵们都失去了战斗的信心。赵括带领军队向外冲杀,想要突破包围圈,却被秦军射死。主将已死,士兵们也纷纷投降。

可惜投降也没能保住他们的性命,白起命令秦军把这四十万人全部活埋。得知消息后,赵国上下一片震惊。长平一战,赵国元气大伤,再也无力单独和秦国全方位对抗。

---
①目空四海:一切都不放在眼里,形容骄傲自大,什么都看不起。

相关链接：

杀神白起

白起，又叫公孙起，他带领秦军征战六国，为秦国统一天下立下了汗马功劳。他一生打过大小70多场仗，从来没有败过。长平一战，是中国历史上最早、规模最大的围歼战。据梁启超考证，整个战国期间共战死两百万人，白起就杀了其中的二分之一。

所以，白起是战国时代的名将，也是令人闻之胆寒的杀神。

战国：群雄逐鹿终归于秦

一把锋芒毕露的锥子

我们今天用"毛遂自荐"来形容自己推荐自己，殊不知，这毛遂确有其人。他一直默默无闻，直到抓住一次关键的机会，表现了自己的智慧。他还把自己比喻成一把藏在布袋里的锥子，这是怎么回事呢？

第二十个人

公元前260年，长平之战中赵国惨败；公元前257年，秦军包围了赵国的都城邯郸，赵国灭国的危机来临。

赵国虽然竭力反抗秦军，但是长平之战耗费了赵国的大部分国力，一直没能得到恢复，根本没有足够的力量和兵强马壮的秦军抗衡。赵孝成王让平原君赵胜想办法向楚国求救。作为赵国的相国，又是赵王的叔叔，他决定亲自出马，和楚王商谈联合抗秦的事情。

当然,他不可能一个人去,他决定组建一个使团,这个使团规模不大,但是必须个个都是精英。平原君是战国四公子之一,平时也是礼贤下士,养了三千门客。本以为从这三千人中挑二十个出来是很容易的事情,谁知道文武全才的人实在太难找了,挑来挑去也只有十九个,就差一个人。

平原君看着下面的门客发愁,这时候,一个坐在最末尾的门客站起来说道:"我能不能和您一起去楚国?"

平原君看着眼前这个人,似乎从来没有见过,他很惊讶有人会主动推荐自己,就问道:"你叫什么名字?来我这儿多长日子了?"

那个门客说:"我叫毛遂①,到这儿已经三年了。"

平原君摇摇头,"你不行,不能和我去楚国。"

"为什么?"

"这有才能的人就如同一把锥子,你把它放进口袋里,它很快就会戳②出一个小洞,露出锋利的锥尖来。你都来我这里三年了,我对你却一点印象都没有,这说明这三年里,你并没有表现出什么与众不同的才能。所以,我认为你不行。"

毛遂说道:"我之前是还没放进口袋里,之前我一直都没有在您面前有任何表现,今天才让您看见我这把锥子。若是早点让您把

---

①遂:suì。
②戳:chuō。

我这把锥子放进口袋里,估计早就戳穿口袋掉出来了,哪里还只是冒个尖就完啦!"

其他的门客发出一阵阵的嘲笑,觉得这毛遂脸皮真厚,说起大话来一点都不脸红。平原君倒是觉得他勇气可嘉,口才也不错,反正也找不到更合适的人,干脆就让他进使团,凑个数!

于是,毛遂就成了使团一员,跟着平原君往楚国去了。

锋芒毕露

平原君见了楚考烈王,和他商谈联合出兵抗秦的事情。楚国这时候国力已经不算强了,所以对于出兵抗秦一事有些犹豫。平原君说得口都干了,楚王还是不松口答应出兵。

毛遂和其他十九个门客按照礼仪,不能参与平原君和楚王的会谈,都等在朝堂外的台阶下面。从早晨一直等,一直等,等到了大中午,也没见平原君从里面出来。

门客们都有些不耐烦了,觉得这楚王也太磨叽了,有人便想起毛遂在国内的一番豪言壮语,就故意用话激他:"毛先生,您这把锋利的锥子怎么还不从口袋里掉出来啊?"

"是啊是啊,毛先生,今天这谈判能不能成功就看你的了!"

门客们一半是无聊,一半是挤对①,因为这毛遂又不是什么文武全才,只是说了几句话就跟他们一起来了楚国,大家心里都有些不乐意。

毛遂自然知道这些人在想什么,不过他的确也是等得不耐烦了,就笑着对门客们说道:"那各位就看我的吧!"

毛遂把身上的宝剑整了整,迈步走上台阶,对着朝堂里喊道:"合纵不合纵,不过是几句话的事,怎么从早上说到现在,还没说清楚?"

楚王很不高兴,问平原君:"什么人如此无礼?"

平原君可后悔带毛遂出来了,你说你没能力就算了,怎么还惹祸?这楚王乃是一国之君,说话怎么也不注意一下礼节?

他很抱歉地答道:"是我门下的一个门客,不太会说话,请楚王见谅。"

楚王一听不过是个门客,看平原君的样子也不是很重视,就板着脸说道:"我和你的主人正在商量国家大事,你有什么资格多嘴?快下去!"

毛遂把宝剑一摸,"我主人在这里,还轮不到你来骂我!"

楚王以为他要拔剑砍人,就很忍耐地说道:"你有什么想法,就说吧!"

毛遂说:"我听说楚国地广人多,原来也是一个称霸的国家。

---

① 挤对:逼迫使屈从。

没想到现在秦国起来了,楚国就连连打败仗,堂堂的国君都当了人家的俘虏,还死在了秦国。在我看来,这是楚国的一大耻辱。一个小小的白起带着几万人就能把你们的国都夺了,逼得你们迁都,这是更大的侮辱。我这个外人看着都害臊,没想到楚王您倒是心宽,居然不想着去报仇雪恨,还跟我们主人推三阻四的。我们主人找您联合出兵,又不是单单为了赵国,也是为了楚国啊!"

毛遂毫不留情的言语让楚王脸红筋胀,他点头道:"先生说得对,我答应和赵国合纵抗秦了。"

"那就请您与我主人歃血为盟^①吧!"

楚王歃血后,平原君和毛遂也当场歃了血。楚、赵结盟以后,楚考烈王就派春申君黄歇为大将,率领八万大军,奔赴赵国。

---

①歃血为盟:歃,shà。歃血为盟,古代举行盟会时饮牲畜的血或嘴唇涂上牲畜的血,表示诚意。

相关链接：

平原君杀妾

平原君是赵国的宰相，著名的政治家，因善于养士位列战国四公子之一。

有一天，有一个跛子路过平原君家，他的小妾在楼上看见了，觉得跛子一瘸一拐走路的样子很可笑，就大笑起来。跛子听见后，抬头看了她一眼，没说什么就走了。

第二天，跛子就来找平原君了。他跪在平原君面前，"您的小妾无故嘲笑我，实在无礼，请您杀了她！"

平原君口头答应了，却没有动手，就把这事儿给忘记了。没过多久，他的门客纷纷离去，走了一半。他觉得很奇怪，就查问详情，才知道门客们认为平原君重女色，轻士人。平原君连忙杀了小妾，还亲自上门向跛子道歉，门客们得知消息后才陆陆续续地回到他门下。

商鞅变法

汉语中有一个成语叫"作法自毙",意思就是指自己立法反而使自己受害。这个成语一开始说的就是商鞅。那么,这个让秦朝从一个弱国变成战国七雄之首,最终统一六国的重要奠基人是如何作法自毙的呢?

南门立木

战国初年,秦国的国力和楚、魏等国比还是比较落后。公元前361年,秦孝公继位。这个年仅21岁的君王却有着远大的目标,他想让秦国变得强盛起来,不再受其他国家的压迫。为此,他广招天下贤士,希望找到一个有能力的人来实行变法,帮助秦国改变落后贫困的局面。

这时候,有一个从魏国来的人知晓了秦孝公的想法,这个人就

是公孙鞅①，因为他后来的封地在商，所以又被叫作商鞅。商鞅很擅长法律方面的事情，但是他在魏国一直没有得到重用。现在秦孝公广纳贤人，他觉得自己的机会到了，就来到了秦国。

果然，秦孝公在听了他讲的强国方法之后十分有兴趣，和他谈了几天几夜也不觉得厌烦。于是，秦孝公请商鞅在秦国实施变法②。

商鞅却没有着急变法，他知道自己在秦国还没什么威信，说的话也没人听。于是，他想了一个办法。

他让人在都城的南门立了一根长圆木，然后贴告示说若是有人能把这根木头扛到北门去，就能得到五十两赏金。一开始谁也不相信，后来有一个人抱着试一试的心态把这根木头从南门扛到了北门，果然领到了五十两赏金。大家这才对商鞅的话深信不疑，这也为他以后实施变法奠定了基础。

首次变法

商鞅是一个做事十分稳妥的人，他要实施变法，却也知道人的本性是不容易改变的。一旦变法开始，就会有人的利益受损，那反对他的人就会冒出来了。为了减少变法的压力，他把变法分为两次。

---
①鞅：yāng。
②变法：指历史上对国家的法令制度做重大的变革。

第一次变法，他主要是对秦国现有的一些弊端进行改进。

从军事上说，秦国实行的是宗室贵族世袭特权制。简单地说，就是如果有一个人建了军功，就会变成宗室贵族，他的军功、爵位和俸禄等会世世代代地传下去，他的子子孙孙们就再也不用发愁了。这样的制度导致的结果自然是很多人躺在祖先的功劳簿上过日子，不用劳动就会有锦衣玉食等着他们。

商鞅对此做了改革，规定只有建立了军功的人才有资格享受宗室贵族的待遇，而且还要按照军功大小进行分等对待。这样，之前没有立过军功，只是在享受祖先功劳的人就变得一无所有了。

从农业上说，他要求农民想办法多生产粮食和布帛，到一定程度的人可以免除官差。这样，很多人为了免除官差，就会想办法提高粮食产量，开垦荒地，扩大耕地面积。若是因为偷懒而贫穷的人，本人连同妻子儿女都要被罚做官府的奴婢。

通过第一次变法，秦国的农业生产增加了，军事力量也强大了不少。不久，秦国进攻魏国西部，从河西打到河东，把魏国的都城安邑也打了下来。

二次变法

公元前350年，商鞅又实行了第二次改革，有了第一次成功变

法做基础,这一次商鞅的动作很大。

秦国实行的还是从西周开始盛行的井田制。井田制就是土地划分为许多方块,且形似"井"字,田块之间有宽阔的大路。商鞅为了最大限度地使用土地,就废除井田制,把这些大路挖开铲平,也用来种庄稼。再鼓励开荒,谁开垦的荒地就归谁所有。这就是所谓的"废井田、开阡陌①"。

另外,为了方便秦王管理,建立了县的组织,由国家直接派人进行管理。

他还在秦国范围内统一度量衡②,这个措施有利于商品的长途交流,对秦国的经济有很大的促进作用。

商鞅所进行的变法是战国时期持续时间最长、涉及面最广、对社会触动最大的一次变法。如此大规模的改革,自然会引起激烈的斗争。

他所进行的几项措施对于许多贵族和大臣们来说都是不利的,这些人一直都处心积虑地想要反对商鞅,包括太子和太子师傅等。

商鞅是一个执法严明的人,他明知道太子不喜欢自己,但是他也没有向太子妥协。有一次,太子犯了法,商鞅对秦孝公说道:"国家的法令必须上下一律遵守。要是上头的人不能遵守,那下面的人

---

①阡陌:qiān mò。田地中间纵横交错的小路。
②度量衡:计量长短、容积、轻重的标准的统称。

战国：群雄逐鹿终归于秦

就不信任朝廷了。太子犯法，他的师傅应当受罚。"于是，他把太子和太子的师傅都治了罪，太子因为不能受墨刑，所以就处罚了他的师傅，在脸上刺字。其他人见商鞅连太子和太子师傅的面子都不给，就再也不敢触犯新法了，使新法得以顺利推行。

过了十年，秦国果然越来越富强，周天子打发使者送祭肉来给秦孝公，封他为方伯，中原的各诸侯国纷纷向秦国道贺。商鞅变法为秦国成为战国中期以后最为强大的国家奠定了坚实的基础。

相关链接：

商鞅之死

由于商鞅制定的法令过于严苛，所以他在秦国的上层人士中十分招人怨恨。公元前338年，秦孝公去世，秦惠王即位。商鞅想要告老退休，却有人对秦惠王说："商鞅的新法深入民心，老百姓都知道他的新法，根本不知道大王您。如今商鞅想离开，请您尽快下决断。"

秦惠王听了这话，还在犹豫要不要杀掉商鞅，这时候公子虔等人告发商鞅谋反。秦惠王就派人捉拿商鞅。商鞅连夜逃跑，到边关的时候，想要投宿旅店，却因为出来得急没有带凭证，店家不敢收留他，因为怕犯了商鞅制定的连坐法被治罪。商鞅没想到自己竟然是被自己制定的法令所害。

他又想去魏国避难，却被魏国拒绝，因为他之前攻打过魏国。无奈之下，他只好偷偷潜回自己的封地商邑。虽然带着邑兵反抗，但最后还是被秦惠王杀掉了，并且还把他的尸身带回咸阳，处以车裂之刑。商鞅的家人也都被杀害。商鞅虽死，但他所推行的新法并没有被废除，而是一直影响着秦国乃至以后的秦朝。

战国：群雄逐鹿终归于秦

最有眼光的商人

自古以来商人都是买进货物、卖出货物，在这一进一出之间赚取利润。历史上有一个大商人，被称为最有眼光的商人，因为他将买卖做到了极致，他的货物居然是一位皇帝。这个人就是吕不韦，一个传奇的商人。

奇货可居

吕不韦本来是阳翟①的一个商人，他往来各地做买卖，积累起千金的家业。但是他并不满足于做一个商人，因为商人在当时的地位并不高，他很希望能够做官，能够光耀自己家的门庭②。

有一次，他到邯郸去做生意，遇到一个人，看上去十分穷困落魄，

---
① 翟：dí。
② 门庭：指家庭或门第。

旁人告诉他:"你别看这人是穷酸样子,其实他大有来头,他叫异人,可是秦王的孙子,是送来邯郸做人质的。"

吕不韦点点头,一脸感兴趣的样子,"那我去拜访拜访他。"

一个商人来拜访自己,异人并不感兴趣,毕竟自己的身份高贵。但是吕不韦说了一句话让他乐了:"我能光大你的门庭。"

这光大门庭就是让家族身份变得更加高贵的意思,异人不由好笑,"你还是先光大自己的门庭吧。"

吕不韦也不生气,"我要帮你光大了门庭,我的门庭自然就能光大。"

异人一听有点意思。

吕不韦说:"秦王已经老了,您的父亲安国君被立为太子,但是他有二十多个儿子,您的母亲不受宠,你又排在中间不得父亲喜欢,所以才到赵国来当人质。难道你想一辈子当人质吗?"

异人摇摇头,当人质的生活太苦了,赵国和秦国一直战争不断,他的车马和日常开销都不够。

"我听说秦太子有一位最喜欢的夫人,叫华阳夫人,她没有儿子,你为什么不向她示好,让她帮你在安国君面前说说好话,将来继承王位呢?"

异人长期在赵国做质子,最大的愿望就是能改善自己的生活条件,哪里敢想还能回去和二十几个兄弟争王位的事情。突然见吕不

韦这么跟自己说,而且还说得有鼻子有眼的,也不由得有些动心了。

吕不韦见说动了他,又说道:"我虽然是个地位低下的商人,但是我愿意拿出我的全部家产,帮助您获得王位。"

异人感动极了,拉着吕不韦的手,"将来若是真的能够得到王位,我将与你共享秦国。"

吕不韦给异人留了五百金供他日常开销和交际使用,自己则准备往秦国去打通华阳夫人的关节①。

下人不解,"为什么要对异人这样一个不得势的王孙这么好?"

吕不韦意味深长地说道:"你不懂,这可是一件难得的货物,咱们囤起来,将来是可以卖高价的。"

丞相之路

吕不韦买了很多珍奇玩物,来到秦国。他没有直接去找华阳夫人,而是先去找了华阳夫人的弟弟阳泉君和她姐姐,请他们把东西代为转送给华阳夫人,又借机谈到异人在赵国日夜思念安国君和夫人,把夫人看作亲生母亲一般,并因为华阳夫人是楚国人,异人还改名字为子楚。

华阳夫人的姐姐得了吕不韦的好处,就去劝说华阳夫人:"我

---

①关节:指暗中行贿沟通官员的事。

听说靠美色侍奉的人，将来等到美色衰减了，宠爱也就没有了。夫人您现在是很受太子宠爱，但是将来呢？等到太子即位，还能少了年轻漂亮的女子供他选用吗？到时候您怎么办？您失去了宠爱，又没有儿子，以后在这宫中该如何立足？"

没有儿子是华阳夫人心中最深的痛，姐姐的话让她连连点头，"姐姐说得对，我也是日夜忧心这件事情。"

"所以啊，我听吕不韦说在赵国做质子的异人对您非常想念，这不就是向您示好吗？您为什么不在太子面前帮他说说好话，要是立他为继承人，那您不就能保住一生的尊宠了吗？"

华阳夫人就趁安国君心情好的时候，和他说起异人，还说他很有才能，和他交往过的人都称赞他。她又哭诉道："我有幸得到您的宠爱，却没有儿子，以后我能依靠谁呢？异人如果能做您的继承人，我就有依靠了。"

安国君看美人楚楚可怜，就答应了华阳夫人，立异人为继承人。异人成为储君①之后，待遇提升了很多，在诸侯中名声也越来越大，异人也不再是以前那样穷困畏缩的样子了。

有一天，他到吕不韦家做客，看见一个十分美丽的女子，就向吕不韦讨要。偏偏这女子也是吕不韦喜欢的，而且已经怀了吕不韦的孩子。吕不韦满心不乐意，但是为了将来能够光大门庭，他还是

---

①储君：帝王的亲属中已经确定继承皇位等最高统治权的人。

忍痛割爱，把这女子送给了异人。这女子后来生下一个儿子，异人十分喜爱，给他取名为政。

公元前251年，秦昭王去世，太子安国君继位为王，华阳夫人为王后，异人为太子。赵国便护送异人的夫人和儿子嬴政回到秦国。

安国君是一个短命皇帝，加冕才三天就突发疾病死了，谥号为孝文王。异人继位，他就是秦庄襄王。庄襄王尊奉为母的华阳王后为华阳太后，生母夏姬为夏太后。

他为了感谢吕不韦对他的帮助，任命吕不韦为相，封为文信侯，河南洛阳十万户作为他的食邑。

❁ **相关链接：**

一字千金

　　吕不韦虽然是个商人，但是目标远大，眼光独到。他扶持异人当上秦王，自己也成了秦国的丞相，终于改变了身为商人有钱没地位的局面。

　　当上了丞相，他也学着战国四公子，结交宾客，希望能够名扬四海。他给那些文人学士优厚的待遇，门客达到三千人。他命令这些食客将各自所见所闻记下，汇成一本书，名叫《吕氏春秋》。

　　做成这件事让他很得意，他让人把书的内容写在布匹上，悬挂在咸阳的城门口，对外宣布，任何人只要能对这书做一字的删减，就奖励一千金。但是最后也没有一个人能够做到。

　　这就是一字千金的故事。

春秋战国

十二岁的丞相

历史上有很多关于聪明少年的记载,其中,让人不得不服的是战国时期的一个少年。他十二岁就敢出使外国,凭自己的口才得到五座城池,还被封为上卿(相当于丞相)。这可是历史上年龄最小的丞相了,他的名字叫作甘罗。

少年的恐吓

甘罗的爷爷是秦国的名臣甘茂,他从小就聪明过人,跟着身为政治家的爷爷学了很多朝廷政事。他小小年纪就拜在丞相吕不韦门下,深得吕不韦的喜爱。

有一天,他看到吕不韦很不高兴地坐在堂上,就上去行礼问道:"请问君侯为什么这么不高兴?"

吕不韦见是甘罗,就说道:"还不是让那个胆小的张唐气的。"

战国：群雄逐鹿终归于秦

"怎么回事？"

"你也知道，我一直都想攻打赵国，占领河间。所以我在很早前就派了蔡泽去燕国做大臣。他在燕国用了三年的时间，终于说服燕国国君同意将太子丹送到我们秦国做人质。现在我想让燕国跟我们合作，一起攻打赵国。于是，我打算派张唐去做丞相，结果他居然拒绝了我。"

甘罗很诧异，"他怎么敢拒绝您？"

"他说他曾经替昭襄王攻打过赵国，赵国很怨恨他，还公告天下说谁要是抓住他，就赏赐方圆①百里的土地。他这次去燕国要经过赵国，所以心里害怕，不愿意去。"

甘罗一笑，"原来如此，那让我去跟他说说。"

"胡闹，你个小孩子能去说什么？让我另想办法吧！"

甘罗却不服气，"君侯，当年项橐②七岁就做孔子的老师，我今年已经十二岁了，难道连这件小事也办不成吗？"

吕不韦没办法，就让他去试试。

甘罗找到张唐，问他："请问，您的功劳和武安君白起比起来，谁的功劳更大？"

张唐答道："白起为秦国南征北战，打败了强大的楚国，又震

———————
①方圆：此处指面积。
②橐：tuó。

217

慑①住赵、燕两国，夺取了无数的城池，我的功劳自然比不上他。"

"那么，您觉得当年执掌秦国朝政的范雎和吕丞相比起来，谁的权力更大？"

"自然是吕丞相了。"

"那您可还记得，当年范雎想要攻打赵国，白起阻拦，后来范雎就在咸阳外七里的地方绞死了白起。现在吕丞相亲自请您去燕国任丞相，您却不答应，我真是不知道您将来会死在哪里！"

张唐惧怕吕不韦的权势，自然明白甘罗的意思，连忙说道："我愿意前往燕国。"

空手套白狼

张唐答应去燕国，这让吕不韦十分意外，也对甘罗的聪明才智更加认可了。

甘罗对吕不韦说："张唐虽然答应去燕国，但是我认为还是应该先去赵国帮他打通一下，免得真被赵国人抓住杀了。"

吕不韦点点头，"那派谁去合适？"

"请您为我准备五辆马车，让我去赵国替张唐打通关节。"

甘罗要代表秦国出使赵国，自然需要得到秦王政的认可。吕不

---

①震慑：慑，shè。震慑，震动使害怕。

韦就去向秦王政汇报:"甘罗是甘茂的孙子,虽然年纪轻,却是名门之后,诸侯们都知道他。最近他帮我说服了张唐去燕国担任丞相,这说明他年纪虽小,但口才确实不错。现在他请求去赵国帮张唐清除障碍,请大王答应。"

于是,秦王政便召见了甘罗。和他说了一席话后,见他确实聪明伶俐,嘱咐了两句关于出使他国需要注意的事项,就派他前往赵国。

赵国得知甘罗是秦王派来的使者,赵国国君悼襄王亲自到郊外去迎接他。

甘罗见了赵王后,问道:"大王,您听说燕太子丹到秦国做人质的事情了吗?"

悼襄王点点头,"听说了。"

"那您听说张唐要到燕国担任丞相吗?"

"也听说了。"

"这秦国和燕国你来我往,意味着什么,难道您还看不出来吗?"

"请您明示。"

"燕太子丹到秦国来,这说明了燕国的态度,他们是不会背叛秦国的,毕竟太子还在秦国。而秦国派张唐去燕国担任丞相,这说明两国交好,秦国不会欺负燕国。这秦国和燕国关系好了,对赵国可就不利了。赵国夹在两国的中间,受的可是夹板气啊!"

悼襄王自然也担心这一点,"那可有什么办法解决吗?"

"我听说您想攻打燕国,但是担心秦国会帮助燕国。如果您今天能够送五座城池给我,表明您的态度,秦国在河间的领地扩大了,就会把燕太子丹送回燕国去,不再做燕国的盟友,这样您就可以放心大胆地攻打燕国了。"

悼襄王算了算账,送出去五座城池,然后从燕国夺取更多城邑,赵国也不吃亏。于是他就答应了甘罗的要求,亲自划出五座城邑来扩大秦国在河间一带的领地。秦国果然把燕太子丹送了回去,之后赵国就有恃无恐地进攻燕国,夺得上谷三十座城邑,秦国得到其中的十一座。

甘罗单凭口才就为秦国拿回五座城池,得到了秦王政的赞赏,他封甘罗为上卿,相当于丞相的职位,又把甘罗的爷爷甘茂原本的田地、房宅赐给了甘罗。

于是,历史上最年幼的丞相诞生了。

◉ **相关链接：**

公鸡下蛋

甘罗从小就很聪明，深得爷爷甘茂喜欢。甘茂经常跟他讲朝堂的事情，甘罗小小年纪听得津津有味。

有一天，甘罗见爷爷下朝回来，一脸乌云密布。于是他上前问道："爷爷，您怎么了？"

甘茂说："大王不顾老百姓利益，非要耗费钱财大兴土木。我反驳了两句，惹得他不高兴了，就让我上贡公鸡蛋，否则就治我的罪。"

甘罗想了想，然后笑着说道："爷爷，不用担心。明天你就在家休息，我去帮您上朝。"

第二天，甘罗跟着文武百官进了朝堂。秦王一见是他，很不高兴："你一个孩子跑到这朝堂上来做什么？甘茂呢？"

甘罗答道："启禀大王，我爷爷在家生孩子呢！"

秦王生气地拍着桌子道："胡说八道，男人怎么生孩子？"

甘罗也不甘示弱，"您都知道男人不能生孩子，那为什么还要让爷爷上贡公鸡蛋呢？"

秦王愣了一下，大笑出声，"小小年纪就这么聪明，看来是个好苗子啊！"

战国:群雄逐鹿终归于秦

强秦灭六国

历史发展到战国后期,各诸侯国已经走向衰落,而位于西部的秦国却不断地壮大起来。强大的秦国平定内乱,提升国力,在恰当的时机终于成功跨过崤山,远交近攻、分化六国、各个击破,把六国领土并于强秦之下。

平内乱

秦庄襄王在赵国做了多年的质子①,好不容易在吕不韦的帮忙下回到秦国,继承了王位,可惜他短命,只当了三年国君就死掉了。继任的是他的儿子嬴政。

嬴政在赵国出生,他的母亲是赵姬,就是庄襄王还是质子异人的时候从吕不韦那里要来的已经怀孕的美人。当然,异人肯定不知

―――――
①质子:古代派往敌方或他国去的人质。

道赵姬已经怀孕，否则他不可能送上门去当这个免费的爹。

嬴政在赵国度过了少年时期，直到他爹被封为太子，回到秦国，他才和母亲一起被送回秦国。吕不韦心里明白嬴政的真正身份，所以他和赵姬一起极力促成嬴政被立为继承人。庄襄王感激吕不韦对他的帮助，也很爱赵姬，就答应了他的要求。就这样，嬴政成了秦国的储君。

这储君被立也没多久，庄襄王上位三年就撒手西去，十三岁的嬴政成了新国君，史称秦王政。

十三岁的孩子哪有什么能力处理国家大事，朝政便都由丞相吕不韦把持。为此，吕不韦还被秦王政尊为"仲父"。

但是，这吕不韦很不厚道，权力到手了，一人之下万人之上；钱财也到手了，河南洛阳十万户都是他的食邑。他居然还不满足，和秦王政的母亲赵姬私通。赵姬这会儿已经是太后了，这要是暴露出来，秦王政这个君主的脸面往哪里放呀？

所谓纸包不住火，秦王政一天一天长大，他肯定对母亲和吕不韦之间的关系有所察觉，但是他是一个很能忍的人，他没有爆发，他在等自己亲政的那一天。一旦亲政就意味着原本由吕不韦掌握的权力一大半都要回到秦王政手里。

吕不韦看着秦王政慢慢长大，日益沉稳，做事也越来越有章

法①，就开始担心自己的未来了。他想，自己这个丞相不可能永远把持朝政，秦王政总会亲政，到时候他要是来和自己算私通的账，那自己这颗脑袋就保不住了。

于是，吕不韦找了一个替死鬼，叫作嫪毐②。他把这人假扮成太监送进宫去，赵太后十分喜欢，每天和他寻欢作乐，醉生梦死，居然还生了两个孩子。不过为了安全起见，孩子都偷偷地送出宫去了。

嫪毐没有吕不韦沉稳，一旦得势就变得很嚣张。他居然跟人说他是秦王政的假父③。这话传到秦王政的耳朵里，不亚于一颗炸弹爆炸，他决定杀了嫪毐。嫪毐知道后，明白自己的死期快到了，他开始暗暗地积蓄自己的力量。

公元前238年，秦王政满22岁，要在雍城蕲④年宫举行冠礼。嫪毐就率领自己的武装力量进攻蕲年宫，被秦王政提前埋伏在那里的三千士兵打得落荒而逃，他又转回去攻打都城咸阳，谁知那里也有伏兵，他只好逃跑，但最后还是被抓了回去。秦王政把他车裂后曝尸示众，赵太后被关进萯⑤阳宫，她和嫪毐生的两个孩子也被摔死。

嫪毐的下场让吕不韦胆战心惊，不久，秦王政果然找他算账了。

---

①章法：比喻办事的程序和规则。
②嫪毐：lào ǎi。
③假父：义父。
④蕲：qí。
⑤萯：fù。

春秋战国

第一步先把他的丞相之位给免了,第二步流放他去蜀地。吕不韦压根就没出发,因为他知道自己的下一步就是死,所以就服毒自杀了。

就这样,秦王政把吕不韦和嫪毐两大势力给灭了,平定了内乱,为接下来征战六国,统一天下做好了准备。

灭六国

秦王政铲除了吕不韦和嫪毐两股势力,便开始亲政,他的目标是统一六国,坐拥天下。为了达到这个目标,他重用李斯、尉缭等人,制定了灭六国战略。这个战略共分为三步,笼络燕齐,稳住楚魏,消灭韩赵,然后各个击破,统一全国。

公元前230年,内史腾奉嬴政之命攻打韩国,大败韩军,擒获韩王韩安,收缴韩国的全部土地,在那设置颍川郡。

公元前229年,赵国发生大地震和大灾荒,秦国趁机派王翦①领兵攻赵。赵国派李牧、司马尚率兵抵御,双方僵持了一年。王翦重金收买赵王宠臣郭开,让他散布李牧、司马尚企图谋反的流言。赵王轻信,杀了这两个人,王翦再无对手,攻入赵国如入无人之地。公元前228年,秦军攻占邯郸,赵国灭亡。

公元前227年,燕太子丹派荆轲刺杀秦王未遂,秦王立即派

---

①翦:jiǎn。

春秋战国

王翦领兵攻燕。第二年,王翦攻破燕都蓟,燕王喜杀太子丹求和,然后自己逃到辽东,秦军此时因为集中主力调往南线进攻楚国,故暂时放过了残燕势力。公元前222年,王贲奉命攻残燕势力,俘获燕王喜,燕国彻底灭亡。

公元前225年,王贲率领六十万大军攻打魏国,包围魏都大梁,采用水攻,用黄河水淹大梁,三个月后,大梁城破,魏国灭亡。

公元前224年,王翦率领十万大军攻打楚国,但一年不出战,楚军斗志涣散,粮草不足。王翦乘机灭楚军主力,占领楚都寿春,楚国灭亡。

公元前221年,王贲率军南下攻打齐国,齐王建投降,齐亡。

至此秦灭六国,一统天下。

秦王政用了不到10年时间,并灭六国,结束了春秋战国以来550多年的战乱局面,创建了中国历史上第一个统一中央集权的封建大帝国。这个大帝国对中国封建社会政治制度具有划时代的意义,它开创了中国历史的新纪元,使中国古代社会大大地向前推进了一步。

相关链接：

"贪得无厌"的王翦

秦王要攻打楚国，他想找老将王翦出马，王翦要求必须给他六十万大军，否则不出征。秦王东拼西凑，凑够了六十万兵力，基本上是秦国的全部兵力了，然后交给王翦。

送王翦出征的时候，秦王虽然嘴上说希望他早日凯旋，但脸上却阴晴不定。王翦走得很远了，他还立在原地。

不一会儿，王翦骑着马回来了，秦王政很奇怪："将军为什么回来？"

"臣老了，想为子孙谋点田产。"

秦王政点点头，"咸阳西边一万亩良田归你了。"

王翦走了，过了一会儿，王翦的儿子王贲又回来了，说王翦还要咸阳东头的五栋府第。秦王政干脆赐给他八栋。

过了不久，王翦又派属下来要府第周边的五十里作为他的猎场，秦王政直接赐了一百里的青山给他。

属下十分不理解王翦，王翦笑道："大王交给我六十万大军，却对我不放心，我这样贪得无厌是让他放心啊！"

果然，秦王回宫后说："这王翦也不是什么真英雄啊！"其实他心里很高兴，因为他看出王翦并没有反叛之心。

春秋战国

投江而死的大诗人

古往今来跳江而死的人数不胜数，但是跳出一个节日的就只有屈原了。屈原因小人谗言被流放湘南，纵身跳入汨①罗江，留下千古绝唱楚辞《离骚》，成为中国历史上最伟大的文人之一。

怀王之死

楚怀王时期，楚国的国势到达顶峰，与齐、秦并列三大强国，楚怀王还被推举为合纵攻秦的纵长，一时间风光无限。

秦王见六国合纵，对秦国不利，就派张仪破坏合纵联盟。张仪凭着三寸不烂之舌说服楚国，楚国为了得到张仪承诺的六百里商於之地，就同意与齐国断交。结果，断交之后才发现中了张仪的计谋，

---
①汨：mì。

六百里地变成了六里地。楚王大怒，发兵攻打秦国，却在丹阳、蓝田、召陵三战中均被秦军打败。

楚国自从被秦国打败后，一直受秦国欺负，楚怀王便又想重新和齐国联合。秦昭襄王即位后，很客气地给楚怀王写信，请他到武关相会，当面订立盟约。

楚怀王很纠结，不去怕得罪秦国；去了，又怕秦国对自己不利。

大夫屈原不赞成他去，"秦国像豺狼一样凶暴，不止一次欺压我们楚国。大王您去了，难道还指望得到礼遇吗？肯定会中他们的圈套的。"

但是怀王的儿子公子子兰想交好秦国，就使劲劝楚怀王去武关和秦王会盟，"人家秦国是大国，他们愿意和咱们和好，咱们为什么不答应？难道非要打打杀杀，造成百姓伤亡、领土被割才满意吗？"

楚怀王听信了公子子兰的话，就去了武关。

事实果然如屈原所料，楚怀王刚踏进武关，立刻就被秦国预先埋伏下的人马截断了后路。秦昭襄王对楚怀王说，只有交出黔①中的土地，才会放他回楚国。

楚怀王不答应，秦王就把他押到咸阳软禁起来，然后派人送信去楚国，让他们拿土地来换。楚国的大臣们却没有照办，而是把太子立为新君，这个国君就是楚顷襄王。公子子兰当了楚国的令尹。

---

①黔：qián。

春秋战国

楚怀王在秦国被关押了一年多,受尽屈辱,吃尽苦头。后来,他逮着机会冒险逃出咸阳,却被秦兵给抓了回去。再后来,就因病死在了秦国。

汨罗投江

楚怀王屈辱地死在了秦国,楚国人都很悲愤,尤其是大夫屈原。他原本就是一个对秦国十分憎恶①的人,再加上楚怀王这笔账,他就更加气愤了。

他总是劝楚顷襄王要广泛地搜罗人才,远离小人,要重视军事,鼓励将士们勤练兵马。积蓄实力之后,找秦国报仇,为楚怀王和楚国将士雪耻。

这楚顷襄王好不容易提早坐上王位,屈原就整天在他耳边唠叨,他心里很烦。新任的令尹子兰和靳尚等人也仇视屈原,每天都在楚顷襄王面前说屈原的坏话。

"大王,屈原这是在骂您哪!他说您忘了秦国的仇恨,这是在说您不孝啊!"

"是啊是啊,他还说大臣们都安于享乐,不去想办法抗击秦国,这是不忠。"

---
①憎恶:zēng wù。憎恨,厌恶。

"您说您是楚国的大王,他骂您不孝,骂我们这些人不忠,这满朝廷不忠不孝的人,难道他屈原是忠孝之人?难道真如他所说,楚国在您手上就会灭亡?"

楚顷襄王哪里听得了这些话,一怒之下就革了屈原的职,把他放逐①到湘南去了。

屈原出身贵族,对楚国十分忠诚,他从小就抱着强国救民的志向,现在居然被奸臣排挤出了朝堂,成了一个流放之人。他到了湘南之后,经常在汨罗江一带一边走、一边唱着伤心的诗歌。

人们都知道屈原是一个爱国大臣,现在却被流放到这荒野的地方,都十分同情他。这种同情对屈原却没什么用,他依然十分苦闷,因为他不知道自己还能为楚国做些什么。他知道,楚国再由子兰和靳尚这群小人搅和下去,肯定会被秦国灭国。他眼见这样的未来,却无力更改,心里的苦闷更加沉重了。

有一天,一个在汨罗江上打鱼的渔夫碰到他,见他愁眉不展的样子,就说道:"你不是楚国的大夫吗?为什么到这里来了?"

屈原感叹道:"许多人都很肮脏,我却太干净了;人家都喝醉了,我却还清醒着。因为跟别人不一样,所以我就被赶到这里来了。"

渔夫不以为然,"既然大家都是肮脏的,你为什么又非要坚持干净呢?既然大家都喝醉了,那你就跟大家一起醉吧,何必独自清

---

①放逐:古时把被判罪的人驱逐到边远地方。

醒呢?"

屈原摇摇头,"我做不到啊!就像刚刚洗过头发的人,再戴上帽子之前,会把帽子弹一弹,因为他担心帽子上的灰会弄脏了头发;刚刚洗过澡的人也会把衣服上的灰掸一掸,免得弄脏了身体。我明知道自己是干净的,为什么要和他们混在一起?若是这样,我宁愿跳进江中,埋到鱼肚子里去。"

渔夫摇摇头,心想这人实在是太洁身自好了,注定要被排挤啊!

公元前278年的五月初五,屈原苦闷至极,实在找不到解脱的法子,就抱着一块大石头,跳进了汨罗江,淹死了。

屈原死后,留下了很多优秀的诗歌,其中最有名的就是《离骚》。他在诗歌里,痛斥卖国的小人,表达了他忧国忧民的心情,对楚国的一草一木,都寄托了无限的深情。他是我国古代杰出的爱国诗人。

🏵 相关链接：

端午节的习俗

现在到了端午节，国人还有赛龙舟和吃粽子的习俗，那么，这习俗是怎么来的呢？

原来，屈原在五月初五跳江自杀之后，人们为了怀念他，每年都到汨罗江边祭奠他。

人们把白米撒进汨罗江，一边撒一边念着："江里的大鱼小鱼啊，请你们吃这美味的白米吧，不要吃那冤屈而死的屈大夫啊！"

人们还把船画上五颜六色的花纹，用来惊吓江里的鬼神，他们划着这种花船在江里来回穿梭，嘴里念着："江里的鬼神啊，你们不要惊吓到我们的屈原大夫，就让他在江底长眠吧！"

慢慢地，撒白米和划花船就演变成了五月初五吃粽子和赛龙舟的习俗。